위기관리총서 시리즈
07

애도의 이해와 개입

현장에서의 위기개입워크북

육성필
박혜옥
김순애

일러두기

본 위기개입워크북과 매뉴얼에 제시되는 사례는 효과적인 교육과 훈련을 위해 집필진이 구성한 가상 사례이다. 현장에서의 실제 위기개입의 예를 보여주는 위기개입동영상은 출연진으로부터 저작과 영상물 이용에 대한 동의를 받아 제작하였다.

서 문

나는 병원에서 수련받은 임상심리학자로서 정신건강서비스 제공자의 역할을 시작했지만 자살을 포함한 다양한 유형의 위기를 접하게 되면서 위기관리에 관심을 갖고 위기와 관련된 다양한 교육, 연구, 프로그램 및 정책개발 등의 노력을 하게 되었다. 그동안 개별적으로 위기에 대한 학문적 관심에 따라 위기에 대한 연구를 하는 경우가 있었지만 개인의 관심에 따라 단편적 일회적인 경우가 많았다. 이로 인해 위기관리를 체계적이고 종합적으로 접근하는 데는 많은 한계가 있었다. 위기의 심각성과 위기관리의 필요성을 절감하고 이러한 한계를 극복하기 위해 대학교에 전공으로 위기관리를 개설하였다. 위기관리전문가를 양성하고 있는 곳은 우리 학교가 세계최초이다. 위기관리전공 교수로서 많은 연구를 하고 전문가양성을 하면서 얻은 교훈 중의 하나는 개인이든 집단이든 평상시 자신의 역량이나 대처범위를 넘어서는 어려움에 노출되면 위기에 처하게 된다는 것이다. 대부분의 사람들은 자신이나 자기 주변에는 위기가 없을 것이라 믿는다. 하지만 위기는 우리들의 의지나 선택 밖의 일이다. 위기관리를 전공하는 나에게는 매일매일이 위기사건으로 넘쳐난다. 이런 나에게 어느 날 일면식도 없는 소방관이 "자살하려는 사람을 포함해서 위기사건이 발생하면 출동하게 되는데 어느 날인가부터 '단순히 현장에 출동해서 구급차에 위기에 처한 사람을 싣고 병원에 데려다 주는 것이 자신이 해야 되는 역할의 다인가? 아니면 위기출동현장에서 자신이 더 해야 되는 일이 있는 것은 아닌가?'"라고 물어왔다. 특히, 현장에 가장 먼저 출동하게 되는 자신이 위기에 처한 사람에게 현장에서 혹은 이송과정에서 무엇을 어떻게 해야 되는지에 대한 지침이 있다면 많은 도움이 될 것 같다는 하소연을 했다. 이 말을 들은 것이 이번에 출판하는 위기관리총서인 "현장에서의 위기개입매뉴얼과 워크북"을 만들겠다는 생각을 하게 한 계기였다. 이전에는 위기개입을 해야 하는 현장의 위기개입자들이 당연히 자신의 역할을 수행하고 있다는 생각만 했지 위기에 처한 사람을 위한 보다 낫고 훨씬 전문적인 서비스를 제공하려는 욕구가 있다는 것을 알지 못했던 것이다. 또한 이들을 위한 전문적 지지나 훈련이 있어야 한다는 생각을 하지 않았다.

위기개입자 혹은 정신건강서비스제공자는 도움이 필요한 곳에 가장 먼저 출동하여 적절한 서비스를 제공해야 한다. 위기개입자는 현장에서 위기에 처한 사람들의 욕구와 문제의 심각성을 가장 빠르고 정확하게 파악하여 위기에 처한 사람들의 안전과 행복을 최우선으로 확보해야 한다. 실제 위기개입자들이 위기현장에 출동하거나 도움을 요청받았을 때 무엇을 어떻게 해야 하는지 판단이 되지 않아 당황하는 경우가 종종 있다. 또한, 실제 경력이 많고 현장의 베테랑이어서 별 어려움 없이 위기현장에 대한 통제권을 확보하고 위기개입활동을 하고는 있지만 자신들의 위기개입활동이 제대로 된 것인지, 전문적인 것인지에 대한 확신이 없어 힘들어하기도 한다. 하지만 위기현장에서 활동하는 위기개입자가 자신들이 제공하는 서비스에 대한 자신이 없어 하거나 불안해 하면 위기에 처한 사람에게 미치는 부정적인 영향을 엄청나게 크고 생명을 잃게 할 수도 있다. 그러므로 위기개입자들에게는 위기현장에 출동하여 위기에 처한 사람들의 욕구를 빠르게 확인하고 당장의 위기를 해소시킬 수 있는 능력이 요구된다. 이처럼 힘들고 급박한 위기개입현장의 특성을 고려하여 경찰관이나 소방관들에게 정신건강과 도움을 청한 사람들과의 관계형성이나 대화 등에 대한 교육과 훈련을 시킨 후 업무수행을 평가했더니 위기개입을 하는 당사자들의 업무수행에 대한 자신감과 유능감이 증가한 것은 물론 위기개입서비스를 받은 시민, 특히 위기에 처한 사람들의 회복이나 안정감이 훨씬 좋아졌다는 선행연구들이 많다. 이러한 현실과 연구결과를 고려하여 이제는 위기개입자가 현장에서의 위기개입을 보다 전문적이고 체계적으로 할 수 있도록 관심을 갖고 도와주는 것이 필요하다. 지금도 위기현장에서 위기개입서비스를 하고 있는 위기개입자들이 위기개입에 대한 자신감과 자긍심을 갖도록 하는 노력이 요구된다.

저자가 많은 문헌연구, 외국 및 국내의 현장방문, 현장의 실무자와의 만남을 계속하면서 위기현장에 출동한 인력이 가장 초기에 적절한 서비스를 위기에 처한 사람이나 조직에 제공한다면 위기가 더 이상 악화되지 않고 위기가 해소되는 것은 물론 위기를 경험한 사람들이 건강한 일상생활을 영위할 수 있도록 도와줄 수 있을 것이라는 확신을 하게 되었다. 이러한 확신을 바탕으로 현장의 위기개입자들의 위기개입에 대한 전문성과 현장에서의 대응능력을 높이는 데 도움이 될 수 있는 "현장에서의 위기개입매뉴얼과 워크북"을 만들었다.

저자와 동료들이 "현장에서의 위기개입매뉴얼과 워크북"을 만들기 위한 집필위원회를 만들고 작업을 시작했지만 위기의 유형과 현장이 너무 다양하고 각각의 상황에서 필요한 위기개입서비스의 내용과 종류도 많아서 주제를 설정하고 포함되어야 하는 내용을 결정하는 작업자체도 집필진에게는 위기였다. 그중에서도 위기관리의 업무영역과 업무의 한계를 정하는 것이 가장 힘든 일이었다. 일반적으로 정신건강서비스제공 관련전문가들은 위기에 처한 사람들에게 치료나 상담을 제공하는 것을 주요 역할이라고 생각한다. 하지만 실제 위기관리에서는 관리라는 말자체가 의미하듯이 위기에 처한 사람의 위험성과 상태를 빨리 평가하고 확인하여 위기에 처한 사람들에게 가장 필요한 서비스가 제공되도록 도와주는 역할이 가장 중요하다. 다시 말하면 위기관리는 위기개입시 위기에 처한 사람이나 조직의 욕구와 위험성을 가장 먼저 평가하여 위기에 처한 사람들의 물리적 안전을 확보하는 것을 가장 최우선으로 한다. 이러한 위기관리에 의해 일단 위기상황이 안정화된 후 보다 추가적이고 전문적인 서비스가 필요하다면 그때서야 일반적으로 말하는 치료나 상담이 이루어지게 된다. 따라서 위기현장에서 위기개입자에게는 전문적인 상담자의 역할이 아닌 심리적 응급처치자(psychological first aid)로서의 역할이 요구된다. 이와 같은 일반적인 심리서비스와 위기관리의 위기개입서비스의 차이를 반영하여 "현장에서의 위기개입매뉴얼과 워크북"에서는 위기개입자의 의뢰에 의해 전문가에 의한 본격적인 서비스가 제공되기 전까지의 활동을 위기개입자의 역할로 한정하였다. 물론 위기개입자가 전문적인 심리 상담이나 치료까지 할 수 있으면 더욱 이상적일 수 있다. 다시 강조하지만 위기개입현장에서는 본격적인 상담이나 치료를 시작하지 말고 위기에 처한 사람의 현재 상태를 즉각적이고 정확하게 평가하고 필요한 서비스를 확인하는 작업이 우선되어야 한다.

"현장에서의 위기개입매뉴얼과 워크북"은 3번의 워크숍에서 얻은 참가자와 진행자들의 경험과 충고를 충분히 반영하고 집필위원회의 의견을 종합하여 수정 보완한 내용들로 구성하였다. 수차례의 회의와 고민을 통해 최종적으로 "현장에서의 위기개입매뉴얼과 워크북"은 윤리와 가이드라인, 스트레스, 위기, 자살, 범죄피해, 성폭력과 가정폭력, 재난, 애도, 심리소진 등의 영역으로 구분하였다. 주제와 영역을 나누는 과정에서 가정폭력과 성폭력도 범죄에 해당되어 초기에는 범죄 영역에서 다루려 했지만 가정폭력과 성폭력은 실제 임상장면에서 자주 접하고 점점 증가하고 있어 독립하여 구성하였다. "현장에서의 위기개입매뉴얼과 워크북"은 일반시민들을 위한 책이 아니고 위기현장에서 구호활동이나 위기개입 서비스를 제공하는 경찰관, 소방관, 정신건강관련업무종사자(심리, 사회복지, 간호, 의학, 법률 및 행정 등의 정신건강관련 업무를 수행하는 분)들이 현장에서 직면에게 되는 위기의 내용과 특성에 가장 적합한 면담, 평가, 개입과 의뢰를 가장 효율적으로 수행할 수 있도록 교육하고 훈련시키는 내용으로 구성되어 있다. 이러한 의도를 반영하여 구성한 매뉴얼과 워크북을 적절히 사용하여 교육과 훈련을 받는다면 위기개입자로서 다양한 사건과 현장을 접했을 때 위기에 처한 사람에게 가장 적절하고 효과적인 서비스를 제공했으면 한다. 동시에 이를 통해 위기개입자의 전문성과 능력에 대한 자신감을 갖고 위기개입자들의 정신건강증진에도 도움이 되었으면 한다. 추가로 매뉴얼과 워크북에 제시되는 모든 사례는 교육과 훈련을 위해 구성되었다.

이번의 "현장에서의 위기개입매뉴얼과 워크북" 출판은 우리나라에서는 처음으로 기획하고 추진한 방대한 작업이어서 많은 부담을 느끼고 더 세밀하고 꼼꼼하게 정성을 기울여 자료수집단계부터 교정과 수정과정을 진행하였다. 나름대로 최선을 다하고 도움이 될 수 있도록 노력했지만 부족한 부분도 있을 것이고 오류가 있을 수도 있을 것이다. 이와 관련된 것은 전적으로 책임저자인 나의 몫이다. 사람과 함께 하는 일을 한지 벌써 30년 이상의 시간이 흘렀고 시간이 흐르는 동안 학부생으로서의 나와 지금의 나와는 엄청나게 많이 달라졌다. 하지만 점점 강해져가고 분명해지는 것은 나와 함께 같은 곳을 보고 있는 사람들이 있고 함께 하는 이들의 수고와 노력이 나에게는 가장 큰 자산이고 자원이라는 것이다. 매일매일이 모여서 우리의 삶을 이루지만 우리는 많은 사람들의 도움과 지지를 받고 힘을 얻어 우리는 또 다른 하루를 시작한다. 하지만 우리는 하루를 살아내는 우리와 주변 사람들의 수고와 지지가 있음을 잊고 산다. 힘들고 어려운 일은 어느 날 불현 듯 우리에게 다가온다. 그래서 우리에게는 오늘의 삶, 지금의 삶이 소중하다. 이러한 생각에 기초해서 나는 오늘의 내가 있도록 함께 해준 많은 사람들에 대한 고마움을 지금 전달한다.

"현장에서의 위기개입매뉴얼과 워크북"을 출판하는 과정에서 치열한 고민과 토론을 하면서 같이 고민해 준 워크숍 참가자, 현장의 실무자, 졸업생, 학생들이 있었다. 만약 이들의 헌신과 희생이 없었다면 "현장에서의 위기개입매뉴얼과 워크북"을 출판하는 것은 불가능했을 것이다. 힘들고 어려운 작업임에도 불구하고 위기에 처한 사람들은 물론 위기개입자들에게 조금이라고 도움이 되었으면 하는 마음에 의기투합하고 함께 한 많은 분들에게 진심으로 감사하고 고마움을 전한다.

아직은 사회적으로 큰 전공이 아니어도 위기관리에 관심을 갖고 위기에 처한 사람들을 위해 연구와 실천을 하고 있는 위기관리전공생 여러분들이 있어 행복하고 또 다른 도전을 시작할 수 있는 용기를 주어서 고맙다. 그리고 위기관리에 관심을 갖고 계신 많은 분들께도 고마움을 전달하고 많은 교육, 훈련과 강의 현장에서 나와 만났던 수많은 분들께도 감사드린다.

현장에서의 위기개입매뉴얼 8권, 워크북 8권 총 16권의 위기개입총서의 출판을 기꺼이 허락해주고 지원해주신 박영사의 안종만 대표께 감사드린다. 특히 출판을 전체적으로 조율하고 계속 소통하며 보다 좋은 책이 될 수 있도록 도와주신 노현 이사님과 초고, 재고, 삼고의 어려운 작업과 까다로운 집필진의 요구를 최대로 반영해주시고 바쁜 와중에도 꼼꼼하게 검토해주시고 확인해주신 강민정 선생님께는 더욱 더 깊은 감사의 마음을 전한다. 다시 한번 지금도 위기관리에 관심을 갖고 사람에 대한 진실한 사랑과 믿음으로 묵묵히 연구하고 현장에서 헌신하고 있는 졸업생들과 재학생들이 있어 우리는 외롭지 않을 것이고 우리들이 있어 세상은 더 행복해질 것이라 믿는다.

특별히 지금도 아무도 가지 않은 외롭고 낯선 길을 용기 있게 개척할 수 있도록 전적으로 믿어주고 함께 하며 나를 최고로 알고 지원해준 나의 가족인 이혜선 박사와 두 아들에게는 사랑의 마음과 진심으로 미안하고 고마운 마음을 전한다.

2019년 2월

책임저자 육성필

차 례

애도의 이해와 개입

상실과 애도의 이해

상실이 우리의 일상이 되어버린 시대이다. 우리나라는 물론 세계 도처에서 무고한 사람들의 생명을 앗아가는 끔찍한 테러가 거의 매일 발생하고 있고, 세월호 사건과 같은 예기치 못한 재난 사고가 일어나며 개인이 감당할 수 없는 심각한 질병이나 전염병이 특정 지역이나 온 나라에 발생하기도 한다. 이같이 우리는 삶에 중대한 변화를 가져오는 상실과 일상생활에서 흔히 겪을 수 있는 다양한 형태의 상실을 겪으면서 상실로 인한 변화된 관계맺음을 통해 삶을 살아가고 있다.

인간은 어느 시기가 되면 누구나 부모를 떠나보내고, 형제 · 자매나 친구들을 떠나보내는 고통을 삶의 자연스러운 과정으로 경험한다. 정서적으로 깊은 유대감을 가졌던 사랑하는 사람을 잃는 상실만이 아니라 친한 사람과의 헤어짐 · 전학 · 이사 · 이직 · 결혼 · 절교 · 이혼 등으로 인해 우리가 경험하는 상실의 형태는 매우 다양하다. 이러한 상실들은 삶이 지속되는 한 피할 수 없는 것이 우리의 운명이라 할 수 있다. 상실은 성장 과정에 따라 올 수도 있고 갑작스러운 불의의 사건으로 올 수도 있으며, 우리에게 그 자체의 독특한 고통과 특별한 아픔을 남겨줄 수 있다. 예견된 상실이거나 천천히 진행된 상실에 비해 갑작스럽고 예상치 못한 상실은 일반적으로 남아있는 사람들에게 실제 상황이 아닌 것 같은 비현실감을 경험하게 하며, 그 후유증은 오래 지속될 수 있다(Wright, 2010). 미처 준비되지 못한 상태에서 당하는 충격과 극심한 심리적 고통으로 인한 상실을 경험한 사람들은 너무도 당혹하고 힘든 상태로 내몰려 오랫동안 그 상실감에서 헤어 나오지 못할 수도 있다.

사랑하는 사람을 잃거나 의미 있는 대상을 상실하는 슬픔은 인생을 살아가는 누구나 겪을 수 있는 일이다. 사랑하는 사람을 앞으로 다시 볼 수 없다는 현실로 인해 말로는 표현할 수 없는 절망과 슬픔을 경험하게 되는데, 이것이 바로 애도(Grief)이다. 애도는 상실에 대한 반응으로 사랑하는 대상의 상실을 슬퍼하고 마음 아파하는 것인데, 모든 의미 있는 상실에 대한 정상적인 반응이다.

상실과 애도는 모든 문화에 공통적이다. 삶의 여정의 각 단계에서 경험하는 많은 상실과 애도는 필연적으로 발생하게 된다. 상실에 대한 애도 반응은 대부분 정상적인 애도과정을 거치면서 회복되지만 사랑하는 가족 구성원의 죽음, 유산, 이혼, 사랑하는 사람과의 이별, 실업, 은퇴 등의 상실 경험들은 인생의 위기가 되기도 하고 때로는 정상적인 기능을 할 수 없게 한다(홍구화, 2009). 특히 상실 후 과도한 죄책감이나 자살생각, 극심한 무망감, 지연된 초조 혹은 우울감을 보이거나, 애도과정에서 정상적인 애도기간을 넘어 수개월간 이러한 상태가 지속될 경우 애도위기개입자의 전문적인 위기개입이 필요하다. 위기개입자는 애도자가 현재 처한 상황과 심리적 · 인지적 · 정서적 · 행동적 특성을 고려한 적절한 개입으로 애도자를 위기상황에서 벗어나게 하여 필요하면 애도전문가에게 의뢰할 수 있어야 한다. 이를 위해 상실로 인한 위기현장에서 활동하는 위기개입자에게는 상실과 애도과정에 대한 정확한 지식, 삶에 대한 철학, 적절한 개입을 위한 매뉴얼, 프로토콜의 숙련 그리고 정기적인 교육이 절대적으로 필요하다.

최근 상실과 애도에 대한 많은 사람들의 관심과 수많은 정보들이 대중매체나 시중에 회자되고 있지만 상실과 애도위기의 정확한 평가, 적절한 개입에 대한 구체적인 정보들은 거의 찾아볼 수 없다. 이러한 현실을 고려할 때 우리나라의 상실과 애도문화 특성을 반영한 즉각적이고 효과적인 개입방법이 포함된 위기개입에 대한 교육과 훈련이 필요하다.

1. 상실과 사별

1) 상실의 정의

상실(loss)이란 "인간이 가치 있다고 생각하는 어떤 대상에 가까이 할 수 없게 되거나 혹은 더 이상 가치 있는 질이나 목적을 달성할 가능성이 없게 변경되는 실제적 혹은 잠재적인 상황"으로 정의된다(Carlson, 1978). 일반적으로 한 개인이 가지고 있는 가치 있다고 생각하는 것을 박탈당함을 뜻하며, 상실감(喪失感)은 '무엇인가를 잃어버린 후의 느낌이나 감정 상태'를 말한다(국립국어원, 2015).

우리는 우리 자신이 중요하게 생각하는 모든 관계에서 다양한 상실을 겪으며, 자신만의 방식으로 그 상실감을 경험하고 슬퍼하는 정서적 경험을 한다. 흔히 소중하게 여기는 사랑하는 대상의 죽음을 상실이라고 여기지만, 이별과 같은 관계의 단절로 인한 상실, 우리가 소중히 여기는 장소, 사물과 같은 구체적인 상실, 삶의 고된 '현실'을 직면하게 되면서 젊음, 꿈, 이상과 같은 실체는 없지만 똑같이 의미 있는 상실, 승진과 같이 기존의 관계에서 발생한 스트레스로 인한 상실, 아기의 탄생이라는 새로운 부모역할로 인해 당연한 것으로 여겼던 자유의 상실, 원했던 자녀의 대학 입학이지만 그로 인한 '빈 둥지'의 외로움을 느끼는 부모의 상실, 사랑이 없는 관계의 자발적인 정리로 인한 상실 등 심리적 및 물리적인 상실과 같은 범위까지 포함될 수 있다. 이렇듯 생활하면서 경험하는 상실 모두는 우리의 생활에 매우 다양한 종류와 크기의 변화를 가져다주지만 대부분의 사람들은 그러한 변화에 적응하면서 성장한다(임기운 외, 2012). 그러나 미처 준비되지 못한 상태에서 당하는 충격과 극심한 심리적 고통으로 인해 상실을 경험한 당사자를 너무도 당혹하고 힘든 상태로 내몰아 오랫동안 그 상실감에서 헤어 나오지 못하게 할 수도 있다(Wright, 2010).

2) 상실의 유형

삶에서 경험하는 모든 변화를 상실이라고 간주할 때, 상실이라는 개념은 너무 광범위하고 분류하는 기준도 다양하다. 1983년에 출판된 "All about Loss, All about Grief(모든 상실과 모든 슬픔)"라는 책에서 미첼과 앤더슨(Mitchell & Anderson)은 인간이 겪는 모든 상실의 종류를 여섯 가지로 분류하였다.

▪ 미첼과 앤더슨(Mitchell & Anderson)의 분류

(1) 물질적인 상실(Material Loss)

개인에게 의미 있는 물리적 대상이나 친숙한 환경을 상실하는 것을 말한다. 대부분의 사람들은 자신이 소중하게 여기는 물질적인 대상에 강한 애착을 갖는 경향이 있다. 좋아하는 자동차, 돌아가신 부모님의 물건 등 사랑하는 대상과 결합된 내적 가치를 지닌 물건들은 그것을 잃어버릴 경우 아주 극심한 고통을 야기해서(문종원, 2012), 그 물건을 다시 찾기 위하여 온 정신을 쏟는다. 설령 잃어버린 물건을 찾지 못하고 더 비싸고 좋은 다른 것으로 대체한다 할지라도 결코 처음과 같은 애정을 가질 수 없다(윤상철, 2007). 이러한 반응을 나타내는 이유는 특정 물건들이 지니는 내적가치 때문인데, 대체물이 결코 원래의 것을 대신할 만큼 좋을 수 없다는 것을 개인이 깨달을 때는 슬픔이 고스란히 드러난다. 자신이 아끼고 애지중지하던 물건일수록 잃어버린 상실에 대한 슬픔은 크고, 사랑했던 사람의 물건이라면 그 사람을 떠오르게 해서 슬픔을 더 깊어지게 만들 수 있다.

(2) 관계의 상실(Relationship loss)

인간의 삶은 평생을 관계 속에서 살아간다고 해도 과언이 아니다. 가정에서는 부모와 자녀관계, 형제와 혈연관계, 친구관계 그리고 사회에서는 공통된 가치관과 신념을 나누는 사람들과 적절한 사회적 관계를 맺으며 살아간다. 종교를 가진 사람들은 인간의 근본적이고 실존적인 존재 이유로 신과의 관계를 맺으며 살아가기도 한다.

관계의 상실이란 자신이 좋아하는 다른 사람과 이야기하거나 경험을 공유하거나 사랑하거나 접촉하거나 화해하거나 다투거나 하면서 맺어가는 정서적 신체적 관계의 상실을 말한다. 관계의 상실은 개인에게 있어서 의미 있는 삶의 중요한 부분을 잃는 것이다.

관계 상실의 가장 강렬한 형태는 죽음으로 인해 친밀한 관계를 상실하는 사별의 경우로, 남겨진 사람에게는 큰 고통과 슬픔이 따른다. 유한한 인간이 죽는 것은 자연적인 순리임에도 불구하고 다른 상실 경험과는 비교할 수 없다. 남겨진 사람들에게는 상실로 인해 변화된 관계와 고인이 없는 새로운 환경에 적응해야 하는 중요한 과제가 남아 있다.

사랑하는 사람의 죽음으로 인한 상실은 남겨진 사람을 깊은 슬픔과 혼란에 빠뜨린다. 사랑하는 사람을 잃으면 연쇄반응을 일으켜 더욱 고통스럽다. 즉, 사랑하는 사람이 떠남으로써 그와 연관되어 따라오는 온갖 상실로 인한 고통이 더 커지는 것이다. 일상생활의 모든 부분이 영향을 받는다. 흔히 사랑하는 사람의 죽음은 상실의 슬픔뿐 아니라 아직 이루지 못했거나 이루지 못할 것에 대한 슬픔도 불러일으킨다. 이러한 반응은 현재만이 아니라 미래에 대한 상실까지 포함하는 것이다(문종원, 2011).

(3) **심리적 상실**(intrapsyhic loss)

심리적 상실은 자신의 중요한 정서적 이미지를 잃는 경험이나 자신이 무엇인가 되었을 수도 있는 가능성을 잃는 경험, 미래의 특별한 계획을 포기하는 경험 그리고 꿈을 포기하는 경험 등을 말한다. 심리적 상실은 때로 외적 경험과 관련되어 있기는 하지만 전적으로 내적인 경험이다. 왜냐하면 외부의 사건이 중요한 내적 상실감과 일치할 수도 있지만 잃은 것이 전적으로 자기 자신 안에 존재할 수도 있기 때문이다.

(4) 기능적 상실(Functional Loss)

개인의 자율성 상실을 가져오는 기능적 상실은 몸의 근육이나 신경계의 어떤 기능을 잃었을 때 강력한 슬픔을 겪게 되는 것을 의미한다. 기능적 상실은 노화과정과 전적으로 관계되는 것은 아니지만, 상실과 강한 연관성을 갖는다. 교통사고나 다른 사고로 인한 정신적인 충격, 질병의 영향으로 근육 및 신경계의 상실이나 기능을 잃는 것, 신체의 일부인 손이나 발 등의 절단, 청력의 상실, 장기의 절개 수술을 받을 때 등에도 사람들은 기능적 상실을 경험할 수 있다. 최근에는 치매로 인한 상실도 부각되고 있는데, 오래전의 것들은 기억하면서 정작 최근의 일이나 중요한 자신의 집 주소, 전화번호 등을 생각해내지 못하는 것과 같이 기억력의 한 부분이 제대로 기능하지 못하는 경우도 있다. 이에 대한 반응은 슬픔인데, 예민해지고 부적절하게 화를 내는 것은 정상적인 슬픔의 반응인 것이다. 기능적 상실의 고통으로 인해 힘들게 살아가는 사람들에 대해서는 동정이 아닌 배려하고 지지하며 도우려는 사회적 분위기가 절실히 요구된다.

(5) 역할의 상실(Role loss)

개인이 속한 조직사회나 어떤 특정한 사회적 역할 또는 사회관계망 안에서 자신에게 부여된 지위와 역할을 잃어버리는 경험을 말한다. 역할 상실의 의미는 "자신의 정체감이 그 잃어버린 역할과 어느 정도로 연관되어 있는가와 직접적인 관련이 있다."라고 한다.

우리가 직업과 역할을 통해서 자아실현과 사회에 기여한다고 볼 때, 역할의 상실은 모든 꿈이 한 순간에 무너지는 경험으로 개인에게 큰 고통을 준다. 그러나 직업과 역할의 상실이 개인에게 부정적인 영향을 미치기도 하지만, 때로는 상실로 인하여 입게 된 상처를 인식하고 인정하면서 새로운 자아의 발견과 성장의 기회가 되기도 한다.

최근 평균수명이 늘어 100세 시대라고 하지만 직업에 대한 안정성이 점차 사라져가는 이 시점에서, 평소에 자신의 직업과 역할의 의미를 깊이 생각하여 봄으로써 더 나은 삶을 위한 준비를 할 수 있다.

(6) 체제의 상실(systemic loss)

체제의 상실은 직장에서 개인적인 관계는 없어도 누군가로 인한 영향을 받다가 그의 부재로 인해 제 기능을 하지 못할 때, 자녀가 학교나 취업, 결혼 등으로 가족을 떠날 때 가장 일반적으로 일어난다. 체제 안에서 다른 사람과의 강한 개인적 관계가 없어도 우리는 체제 내에서 수행되는 어떤 기능들에 의존하게 되며, 이러한 기능들이 없어지거나 또는 이 기능들이 제대로 수행되지 않을 때 개인적 구성원으로서 뿐만 아니라 전체로서의 체제가 상실을 겪을 수 있다.

(7) 다른 요인들로 인한 상실

상실을 일반적으로 위에서 기술한 것과 같은 여섯 가지 유형으로 분류하였지만, 실제로 관찰할 수 있는 상실의 유형은 보다 다양하고 복잡하다.

다음의 분류는 어떤 하나의 유형이 지배적일 수도 있지만 대부분의 상실은 한 가지 이상의 상실이 뒤섞인 복합적인 상실일 가능성이 크다는 관점에서, 상실이 어떻게 경험되어지느냐에 따라 구분하였다.

① 피할 수 있는 상실과 피할 수 없는 상실

우리의 인생사에는 천재(天災)로 인해 벌어지는 사건도 있고 인재(人災)로 인해 발생하는 일들이 있는 것처럼, 인간의 경험을 형성하는 많은 상실은 피하고 싶어도 피할 수 없는 것이 있고, 개인의 특별한 생활양식의 선택으로 생기는 피할 수 있는 상실도 있다.

② 일시적 상실과 영구적 상실

어떤 상실은 일시적이지만 정서적으로 매우 고통스러운 영향을 미치는 것일 수 있다. 개인에게 매우 고통스러운 상실이지만 잃어버린 대상을 다시 회복할 것을 예견할 수 있거나, 혹은 잃어버린 대상을 결국은 다시 찾을 것이라는 사실을 알게 되면 거기에 맞추어서 삶을 살게 된다. 이같이 어떤 상실이 일시적임을 알거나 그럴 것이라고 상상하면, 상실감을 일으키지 않을 수도 있다. 그러나 영구적 상실은 무엇인가가 정말 끝났다는 것을 경험하게 할 수 있다. 우리는 이러한 사실을 받아들이지 않거나 피하려 하지만 결국 잃어버린 사람이나 대상 없이 새로운 삶을 살아야 한다는 것을 깨닫게 된다.

③ 실제적 상실과 상상 속 상실

실제로 일어나지 않았으나 상상 속에서 일어난 상실도 있다. 상상 속 상실은 실제로 일어난 것도 추상적 상실도 아니다. 게다가 내적·심리적 상실은 그것을 슬퍼하는 사람만 알 수 있어 다른 사람들은 그것이 단순히 상상일 뿐이라고 잘못 생각할 수도 있지만 다른 유형의 상실과 마찬가지로 엄연히 현실 속에서 경험되는 실제적 상실이라고 볼 수 있다. 그렇지만 상상 속 상실은 '자기기만'(self-deception)을 내포한다. 실제로 상실은 전혀 존재하지 않았지만, 마음속에서 마치 상실을 정말로 경험한 것처럼 반응하는 것이다. 대표적으로 편집증적 생각은 상상 속 상실에 속하며 우울증의 주요 원인이기도 하다. 이런 상실은 가상적인 것이라 완전한 해결이 불가능하다.

④ 예견한 상실과 예견하지 못한 상실

예견한 상실은 상실이 실제로 일어나기 전에 또 하나의 슬픔을 가져올 가능성이 있다. 사랑하는 사람의 갑작스러운 죽음은 오랜 투병생활을 해온 사람의 죽음과는 매우 다르다. 어떤 사람들은 갑작스러운 상실을 받아들이기가 더 어렵다고 느끼지만, 어떤 사람들은 힘겹게 투병생활을 하지 않아 오히려 다행이라 생각하며 위로받기도 한다.

⑤ 떠남과 남겨짐의 상실

떠난 사람은 일반적으로 많든 적든 죄책감을 경험한다. 어떤 사람들은 오직 떠난 것에 대한 죄책감을 피하기 위해서 그들의 삶을 아주 다른 방법으로 재조정하기도 한다. 남겨진 상태로 헤어짐과 상실을 경험한 사람들은 개방적이거나 폐쇄적이고 상처와 분노, 그리고 떠난 사람들에 대한 분노를 간직하고 있는 것을 발견할 수 있다.

미첼과 앤더슨은 청소년의 상실에 대해서 다음과 같이 언급하고 있다.

> 자신의 부모와 가족을 떠나서 개별화(individuation)되어야 하는 청소년에게는 이러한 감정이 매우 강하다. 그래서 가족 치료자들은 치료받아야 할 중요한 증상으로, '가족 분리의 문제'를 이야기한다. 성장해서 집을 떠난다는 것은 관계의 상실, 물질의 상실, 심리적 상실, 체제의 상실 그리고 역할의 상실을 포함한다. 이것은 기능의 상실을 제외한 모든 종류의 상실을 포함하는 것이다. 그래서 집을 떠나는 일은 인간이 경험하는 상실 중에서 가장 강한 상실의 하나이며, 매우 중요한 사건이라고 할 수 있다.

떠나는 사람은 남겨진 사람에게 자신을 정말 사랑했다면 떠나보내지 않았을 것이라고 하고, 남겨진 사람은 자신을 사랑했다면 떠나지 않았을 것이라고 생각한다. 이와 같이 떠나는 사람이나 남겨진 사람이나 각자의 입장에서 다양한 상실들을 내포하고 있다.

▪ 아치볼드(Archibald)의 상실

(1) 구체적 상실(Concrete loss)

집, 사랑하는 사람과의 사별, 소중하게 여기는 물건의 분실, 자동차 사고, 아끼는 핸드폰이 부서지거나 같이 사는 애완동물의 죽음 등 직접 보고 느끼고 만질 수 있는 구체적인 대상이 있는 상실이다.

(2) 추상적 상실(Abstract loss)

사랑, 우정, 야망, 자존감, 통제력 등 눈에 구체적으로 보이지도 않고 만지지도 못하지만, 자신이 가치 있게 여기거나 삶의 의미를 두는 것들을 잃어버리는 상실이다.

(3) 가상적인 상실(Imagined loss)

상상으로 구체적이고 추상적인 상실을 모두 경험하는 것이다. 가상적 상실은 실제 일어난 상실이 아니기에 어떤 상실보다 다루기가 어려우며, 실제로 일어난 것과 마찬가지로 상실과 우울증이 발생할 환경을 조성하며 구체적 상실만큼 사실적으로 상실을 느끼게 한다. 특히, 사실과 다르게 속으로 혼자 생각하고 자기 자신을 부정적인 것에 초점을 맞추어 상상하는 경우가 많다.

(4) 위협적 상실(Threatened loss)

상실이 실제로 일어나지는 않았지만 곧 상실이 일어날 가능성에 대해서 위협적으로 생각하는 것을 말한다. 그 과정이 끝나기 전까지 슬픔이 가시지 않거나 우울을 경험하게 되는 상실이다. 조직검사 결과나 취업면접 결과를 기다리는 것, 대학 합격 소식을 기다리는 것 등이 이에 속한다.

우리의 삶에서 경험하는 모든 변화가 상실일 수 있듯이, 상실의 어떤 유형은 인생의 전환점에서 찾아오기도 하고 어떤 상실들은 인생의 특별한 시기와 더불어 찾아올 수도 있다. 그리고 심각한 상실의 경우 우울증의 중요한 원인이 되기도 한다. 또한 다양한 상실의 유형 외에도 상실이 경험되어지는 주위의 상황과 개인이 강렬한 감정들을 어떻게 다루느냐에 따라 상실은 매우 다양하게 나타날 수도 있다. 심지어 우리가 상실이라고 생각하지 못했던 것까지 상실의 범주에 속하는 경우도 있다. 이러한 관점에서 볼 때, 인간이라면 누구나 어떠한 형태로든 상실을 경험한다고 볼 수 있다.

2. 애도(Grief)의 정의

1) 애도(Grief)

오랜 시간을 함께 한 사랑하는 사람을 떠나보내는 일은 누구에게나 참으로 고통스러운 일이다. 특히, 미국에서 발생한 911 테러나 우리나라의 세월호 사건과 같은 사건으로 인한 갑작스러운 상실은 더욱 힘들고 혼란스럽다.

상실과 애도를 다룬 많은 문헌에서 Bereavement, Grief, Mourning 등의 용어가 혼용되어 사용되고 있어 명확하게 구별하는 것이 쉽지 않지만, 정확한 이해를 통한 의사소통을 위하여 용어에 대한 정의를 다음과 같이 하고자 한다.

□ Bereavement(사별)

Bereavement는 '가치 있는 무엇을 박탈당한'이라는 뜻으로 중요하고 의미 있는 사람의 죽음이나 상실로 인해 발생한 객관적인 상태를 말한다. 가족이나 사랑하는 사람의 죽음을 경험하고 죽음 후에도 고인이 없는 삶에 적응하며 살아가는 경험 과정을 포함하는 포괄적인 개념(Christ et al., 2003: 이윤주 외, 2007에서 재인용)이다. 또한 사별은 죽음으로 인한 단절이라는 사건 자체만을 의미하는 것이 아니라 그에 따른 정서적 · 인지적 · 영적 · 행동적 · 신체적 반응의 넓은 범위를 포함한다(Cook & Dworkin, 1992).

사랑하는 사람의 죽음은 우리가 살면서 겪게 되는 일 가운데 가장 극심한 스트레스 사건에 해당한다(Holmes & Rahe, 1967: Bonanno, 2009/2010에서 재인용). 특히, 배우자 사별로 인한 고통은 매우 심하며 그 고통은 수년간 지속될 수도 있다(Weiss, 1988). 이러한 사별로 인한 슬픔은 스트레스 원인으로 작용하여 유가족들의 신체적, 정신적 건강을 위협하며, 특히 우울증이나 신체적 질병에 걸릴 위험성이 일반 사람들에 비해 상대적으로 높을 수도 있다.

□ Grief(애도)

Grief는 상실 경험에 대한 일반적인 반응으로, 사별로 인해 중요한 누군가를 잃었을 때나 혹은 중요하게 생각하는 어떤 것을 잃었을 때 휩싸이게 되는 아주 강력하고 복합적인 감정을 말한다. 애도는 사별보다 광범위한 의미로써, 한 상태를 나타내기보다는 죽음에 대해 보이는 개인의 감정적, 인지적, 기능적, 행동적 반응을 의미한다. 또한 사별의 결과 또는 사별을 예상하면서 나타내는 심리적 고통의 상태 혹은 정서적 괴로움으로, 애도 반응은 상실에 대한 정상적이고 자연스러운 반응이라고 할 수 있다.

상실을 경험한 사람들은 상실한 대상을 그리워하고 갈망하기, 갑자기 떠오르는 침투적 사고와 기억, 강렬한 슬픔, 울음, 두려움, 절망, 에너지와 활동의 감소, 즐거움을 잃음, 비난과 분노, 사회적 철회와 고립, 무의미함 및 목적과 희망의 상실, 죄책감, 수치심, 외로움, 공포, 당혹, 깊은 슬픔, 무력감 등을 포함한 부정적인 증상들을 나타내는데, 모두 Grief의 주된 정서들이다(Mitchell & Anderson, 1983).

□ Mourning(비탄)

Mourning은 애도와 마찬가지로 상실에 대한 정서적 고통의 반응을 의미하지만 애도보다 더 많은 것을 포함한다. 일반적으로 장례나 문상과 같이 사회적 문화적 의미를 담은 의례(ritual)의 영향을 받아 행동으로 Grief가 드러나게 되는 것을 의미한다(Stroebe et al., 2001). 즉, 사별로 인해 갖게 된 느낌이나 애도를 표현하는 공적인 것, 사회적 표현, 신념과 사회문화 집단에서 거행하는 애도의 표현적 행동 등을 애도라고 할 수 있다. 그러나 실제로는 애도와 비탄을 같이 사용하기도 해 서로 구별하기는 쉽지 않다. 그래서 여기에서는 Grief를 애도, Mourning을 비탄이라는 용어로 구별해서 쓰기로 한다. 그러나 실제로 애도는 개인에 따라 양상과 정도 및 기간의 차이를 보이며 일부 개인에서는 애도의 증상이 더 심하고 지속적으로 나타나기도 한다(Bonanno, 2004; Bonanno, Wortman, & Nesse, 2004).

2) 애도(Grief)의 역학

2015년 우리나라 통계청의 자료에 따르면, 1년에 26만 1,000명의 사람들이 각종 질병과 사고로 생명을 잃는다(통계청, 2016). 이 중 88%는 암을 비롯한 각종 질병으로 인한 사망이고, 12%는 자동차 관련 사고, 화재, 추락, 자살, 익사로 인한 사망으로 보고되었다. 1일 평균 사망자 수는 768명으로, 다양한 상실로 사랑하는 사람의 죽음을 경험하는 사람들이 우리 주위에 매우 많음을 알 수 있다. 이러한 사망으로 인한 상실 경험은 사건의 정도나 개인의 대처능력에 따라 정상적인 애도(Grief)와 복합적 애도(Complicated Grief)로 구분할 수 있다. 대부분의 사람들은 상실에 대한 고통으로 인해 일정기간은 극심한 슬픔을 느끼지만 자연스럽게 애도의 과정을 지나 일상으로 복귀하게 된다(Bonanno, 2004). 하지만 가족의 갑작스런 죽음이나 어릴 때 학대 경험과 같은 외상적인 상실(traumatic loss) 경험일 경우 그렇지 않고 복합적 애도(CG)를 경험할 수도 있다.

이러한 상실 경험의 영향은 성별에 따라서 다르게 나타나는데, 부정적인 사건에 대해 여자의 경우에 정서적으로 더 영향을 받는다는 연구 결과가 있었다(Kessler & Mcleod, 1984). 사별 경험 후 여자보다 남자가 더 높은 우울 증상을 보인다고 하였다(Grootheest, Beekman, Groenou, & Deeg, 1999). 이러한 차이는 감정을 잘 표현하지 않는 남자들에 비해 여자들이 상실 경험에 대한 감정을 다른 사람에게 자연스럽게 잘 표현하는 경향이 있어 상대적으로 상실 경험에 잘 적응했기 때문인 것으로 나타났다(Stroebe & Stroebe, 1983). 그리고 이혼이나 별거 이후 처음 일정 기간 동안은 여자가 남자보다 더 적응적으로 대처한다는 연구 결과도 있다(Wallerstein & Kelly, 1980). 이러한 상실에서의 성차에 대한 결과들은 남자와 여자의 역할이 달라 특정한 사건들에 대한 대처 전략이 다르기 때문인 것으로 여겨진다.

상실의 경험이 제대로 해소되지 못할 경우 복합적 애도(CG)반응이 나타나게 된다. DSM-V에서는 복합적 애도의 유병률은 약 2.4%~4.8%(American Psychiatric Association, 2013)로 나타났으며, 자연적인 경과의 사별을 경험한 개인의 약 10%에서 복합성 애도(CG)의 증상을 보인다는 연구 결과가 있었다(Maccallum & Bryant, 2013). 그러나 연구에 따라 복합적 애도(CG)의 유병률은 다르게 나타나며, 복합적 애도(CG)는 남성에 비하여 여성에게 더 많이 발생하며 애도를 경험한 개인이 정신과적 질환을 앓고 있었던 경우 그렇지 않은 경우보다 더 높은 유병률을 보인다(Ogrodniczuk, Piper et al., 2003)고 밝히고 있다. 특히 자녀와의 사별을 경험한 경우 높은 유병률을 보이고(Meert et al., 2011), 사고나 자살, 타살과 같이 사고로 인하여 사별을 하게 된 경우 복합적 애도(CG)의 위험성이 높아진다(Currier, Holland, & Neimeyer, 2006). 예를 들어 9.11 테러에서와 같이 자연적인 경과의 사별이 아닌 충격적인 사건의 결과로 사별을 하게 되었을 경우에 강렬한 애도가 지속된다는 연구가 있었다(Neria et al., 2007).

하지만 이러한 구분은 정상적 애도(Grief)와 복합적 애도(CG)가 연속선상에 있고, 사별 경험을 통해 충격적이고 고통스러운 감정을 느끼는 것은 정상적인 반응이라는 점에서 서로 구별이 되는 것인가에 대한 논란은 지금도 계속되고 있다(Dillen, Fontaine, & Verhofstadt－Deneve, 2008).

3) 사별(Bereavement)의 유형

우리가 경험하는 다양한 상실 가운데 가장 견디기 힘들고 고통스러운 것은 사랑하는 사람을 죽음으로 먼저 떠나보내는 것이다. 사별은 사람들에게 가장 극심한 스트레스를 주는 사건으로 적절한 애도과정을 거치지 못하면 여러 가지 문제를 야기할 수 있다. 우리가 흔히 접할 수 있는 사별의 유형을 6가지로 구분하여 살펴보았다.

(1) 배우자의 사별

배우자와의 사별은 삶에서 가장 정서적으로 스트레스를 주는 파괴적인 사건 중의 하나이다(Cramer, Keitel, & Zevon, 1990; Daggett, 2002; Leahy, 1993). 특히, 예기치 않은 배우자와의 사별은 남아있는 배우자에게 감당하기 어려운 고통으로 다가온다. 배우자의 사망으로 사랑하는 이를 잃었다는 상실감과 배우자 없는 삶을 살아가야 하는 현실 앞에서 좌절과 절망을 느끼기도 한다. 배우자의 사망에 대한 충격은 분노로 표출되기도 하는데 “왜 나에게 이런 일이 일어난 거지?”라는 의문을 갖고 분노하거나 신을 원망하기도 한다. 일반적으로 아내와 사별한 남성보다 남편과 사별한 여성이 더 많고, 배우자 사별로 인한 고통은 적절한 애도과정을 거치지 못하면 오랫동안 지속될 수도 있다(Weiss. 1988). 배우자 사별로 인한 상실을 적절히 애도하지 못하면 이로 인해 신체적, 정신적 건강 특히 우울증이나 신체적 질병에 걸릴 위험성을 증가시키기도 하고 사회경제적인 문제, 자아정체성 상실, 성생활과 친구 및 사회적 역할 대상의 상실 등을 경험하기도 한다. 사별로 인한 스트레스가 누적되면 걱정과 불안, 초조, 긴장, 신경쇠약, 우울, 의욕상실 등의 증상이 나타나고 불안정한 정서 상태와 애도 및 증오감을 경험할 수도 있으며 심각한 우울증상, 극단적인 경우 자살에 이를 수도 있다(백경숙, 권용신, 2005).

(2) 자녀의 사별

여러 사별의 대상 중에 자녀를 잃은 사별의 고통은 그 무엇과도 비교할 수 없는 큰 고통이다(Staudacher, 1991). 자녀의 죽음은 아마도 우리가 겪을 수 있는 가장 큰 충격이며, 도저히 이해할 수 없는 끔찍한 사건일 것이다. 왜냐하면 부모에게 있어서 자녀는 그 무엇과도 바꿀 수 없는 소중한 존재로서, 자녀를 잃는다는 것은 세상을 잃는 것과 같은 것이기 때문이다. 부모나 자녀의 연령과 관계없이 자녀의 사망은 중대한 상실로 사산, 신생아 돌연사, 청소년기나 청년기에 병 및 사고로 사망, 노년의 부모가 중년이나 노령의 자녀를 잃는 것 등이 있다.

자녀의 죽음을 겪은 부모에게 가장 고통스럽고 혼란스러운 문제는 그 죽음이 부당하다는 것이다(Richard & James, 2008). 죽음에 있어서 부모가 자식을 앞서야 하는 것이 자연의 순리인데, 자녀와의 사별은 그 순리가 뒤바뀐 도저히 이해할 수도 용납할 수도 없는 사건이며, 그 무엇도 그 누구도 자녀의 사망으로 인한 상실을 채워주지 못한다. 다른 자녀가 있다고 해도, 다시 자녀를 가질 수 있다고 해도 자녀의 죽음으로 인한 슬픔과 고통은 줄어들지 않는다.

자녀의 상실은 부모 자신의 일부, 미래로 연결시켜주는 연결고리, 기대, 꿈을 함께 잃는 것이다. 자녀를 잃고 나면 부모는 사랑하는 자녀를 다시는 볼 수 없다는 사실로 인해 극심한 심리적인 고통에 압도되어 헤어나오기 힘들게 된다. 슬픔과 고통이 얼마나 언제까지 지속될지는 그 누구도 모른다.

(3) 부모의 사별

아이들은 물론 독립된 성인이 되어 부모의 죽음을 겪는다 해도, 그 자체로 충격이고 고통이다. 나이가 서른, 마흔, 심지어 일흔이라고 해도 부모의 죽음에 대한 반응과 태도는 그리 다르지 않을 것이다. 이러한 특성이 나타나는 이유는 부모는 영원히 죽지 않고 내 곁에 머물 것이라는 믿음의 상실, 자녀 자신도 죽음에 한발 다가선 것 같은 존재론적 불안, 보호자의 상실, 고향 같은 안식처의 상실, 갈망하고 비난하는 대상의 상실, 해결되지 못한 일들의 종식 등이 있다.

특히, 부모를 사별한 아이에게는 자신이 사랑받고 있으며 보호받을 것임을 반복적인 말과 행동을 통해 재확인시켜 주는 것이 중요하다. 아이는 죽음을 거부의 표시로 해석할 수 있으므로, 버림받지 않을 것임을 확인하고 싶어 한다. 그리고 언어 소통이 가능한 아이는 부모의 죽음 후 발생하는 모든 상황에 대한 혼란스러운 마음과 가장 든든한 보호자를 상실한 것에 대한 감정적 위로가 필요하다. 그리고 상실을 현실로 받아들일 수 있게 가급적이면 장례식에 참석시키는 것이 좋다(Collins, Christian counseling, 피현희, 이혜련 옮김, 『크리스찬 카운슬링』, 593)

(4) 유년기 동안의 사별

부모 또는 형제자매를 잃은 아이는 사별로 인한 징후를 외부로 나타낼 수도 있지만, 때때로 상실로 인해 겪은 감정을 다른 사람들에게 잘 드러내지 않을 수도 있다. 다른 사람들이 쉽게 알아차릴 수 있는 감정과 반응 외에도 아이 혼자 감당해야 하는 감정들이 있을 수 있음을 가족과 주위 사람들은 반드시 이해해야 한다. 부모의 상실로 인해 길을 잃었다는 두려움, 세상의 바깥에 버려진 것 같은 느낌, 나만 모르는 공공연한 비밀, 아무 데도 소속되지 않는 느낌 등에서 오는 긴장은 비단 어린아이에게만 나타나는 현상은 아니다. 7~9세의 아동이나 사춘기의 청소년도 부모의 죽음을 겪고 동일한 경험을 한다.

(5) 사고사로 인한 사별

사고사는 15~34세 연령대의 젊은이들에게서 발생하는 사망의 제 1의 사인(死因)이다. 급작스럽게 발생한 때 이른 죽음이기 때문에 사고사를 겪은 가족은 힘든 상황에 처하게 된다. 전혀 준비되지 않은 상황에서의 상실로 인해 엄청난 충격을 받게 되며, 아무 것도 할 수 없는 것에 대한 박탈감과 무력감, 죄책감에 휩싸이게 된다. 급작스런 사고 소식은 부모를 충격으로 얼어붙게 하고, 죽음이 사실이 아닐 거라고 부인하고 분노하며 공포를 느끼게 한다.

(6) 자살로 인한 사별

가족이 자살로 사망한 경우, 자살로 인한 사별의 슬픔을 애도하는 것은 다른 유형의 상실에서 느끼는 사별 슬픔보다 훨씬 더 격렬하고 오래 지속될 수 있다. 남겨진 가족들은 상실의 고통뿐 아니라 분노와 수치심, 두려움, 죽음을 막기 위해 무엇인가를 했어야 했다는 죄책감을 경험하게 된다. 또한 사회적 낙인으로 인한 불명예와 수치심은 그들의 슬픔을 사회적으로 제대로 드러낼 수 없게 하고, 이로 인해 자살로 인한 애도의 과정도 다른 죽음보다 더 복합적이고 긴 시간을 필요로 하는 경우가 많다. 이러한 죄책감은 남아 있는 가족이나 다른 사람에게 투사되어 비난으로 표출되기도 하고, 죄책감이 심각할 경우 자신들이 벌 받아야 한다며 자살행동을 할 수 있으므로 남아 있는 가족들에게 죽음의 의미를 찾도록 도와주는 것이 필요하다.

3. 애도의 특성

사랑하는 사람과의 사별 직후, 대부분의 사람들은 사랑하는 사람을 잃었다는 상실감으로 인해 극심한 심리적 고통의 시간을 겪는다. 하지만 시간이 지날수록 상실을 현실로 받아들이고 점차 일상에서의 기능과 활동으로 돌아와 고인이 없는 새 삶에 적응해나간다(Zhang et al., 2006). 학계에서는 이 시간을 6개월로 보고 있다(Prigerson et al., 2009). 하지만 사별 후 오랜 시간이 지난 후에도 증상들이 지속되며 이러한 증상들이 일상에서의 기능에 심각한 지장을 미친다면 비정상적 애도라고 볼 수 있다. 애도자가 비정상적 애도로 인해 심각한 고통을 경험하고 있다면, 애도위기개입자는 즉각적으로 애도위기평가를 실시하고 개입하여 위험성을 낮추고 애도자에게 정서적 안정을 취하게 해야 한다. 그런 다음 전문가에게 의뢰하여 충분한 서비스를 받을 수 있도록 해야 한다.

1) 애도위기의 특성

(1) 개인의 독특성

상실은 우리가 선택할 수 없는 사건이다. 개인의 삶에서 상실은 어김없이 발생하고 그 고통은 오롯이 개인의 몫으로, 개인에 따라 상실의 양상과 정도 및 기간의 차이를 보인다. 대부분의 사람들은 상실 경험 후 일상으로 돌아가지만 어떤 개인에게는 애도의 증상이 더 심하고 지속적으로 나타나기도 한다(Bonanno, 2004; Bonanno, Wortman, & Nesse, 2004). 상실과 애도로 인해 힘들어 하는 모든 애도자들에게 하나의 규준적이거나 표준적인 방법을 제시하지 못할 정도로 다양한 것이 상실로 인한 애도과정이다. 애도는 매우 개인적인 경험임을 애도위기개입자는 명심하고 일반적인 애도과정과 함께 개인의 특수성을 고려한 위기개입을 할 수 있어야 한다.

(2) 시간-영구적 과정

초기 애도전문가들은 애도를 사별을 겪은 개인이 '정상적인 삶'으로 돌아가기 위해 겪어야 되는 시간-제한적 과정으로 인식했었다. 하지만 최근에는 애도를 수많은 단계와 수많은 방법으로 구성되어 있는 평생을 걸쳐 상실에 적응해나가는 시간－영구적 과정으로 보고 있다. 그리고 이제 그 누구도 아들을 잃은 어머니가 12개월 내에 모든 슬픔을 완전히 잊고 일상생활을 할 수 있을 것이라 여기지는 않는다.

(3) 애도개입의 방법

애도의 목표는 애도자의 사별에 대한 슬픔을 해소하고 상실을 받아들일 수 있도록 하는 것이다. 이를 위해 사용하는 중재방법은 예전이나 지금이나 많은 공통점을 가진다. 하지만 애도개입의 목적에서는 차이가 있다. 예전의 편지쓰기 기법이 애도자들이 고인에게 작별인사를 하고 고인과의 연결고리를 끊기 위한 방법이었다면, 지금은 고인과의 지속적인 연결고리를 유지하기 위한 방법으로 사용한다.

(4) 애도와 우울증

가족이나 가까운 사람과의 사별로 인한 슬픔을 '애도반응'이라고 하며, 애도반응은 질병으로 볼 수 없는 정상적인 반응이다. 정상적인 애도반응과 우울증을 구별하는 기준은 증상의 심각도와 기간인데, 일반적으로 2개월까지는 주요 우울장애로 진단하지 않고 정상적인 애도반응으로 볼 수 있다. 그러나 자신은 죽지 않았다는 것으로 인해 심하게 죄책감을 느끼고, 자신이 차라리 죽었어야 한다고 생각하며, 무가치감에 시달리거나, 정신운동지체가 심하며, 환각 등 정신병적 증상이 동반되거나, 사회적 · 직업적인 면에서 매우 저하될 경우 주요 우울장애로 진단할 수 있다. 또한 지속된 애도는 해결되지 않는 상실의 문제점과 극복 과정의 어려움을 나타내는 것으로 항상 비정상적이거나 병리적인 것이 아닐 수도 있다. 사별한 배우자에 대한 집착이나 그리움은 어떻게 보면 자연스러운 현상이며, 삶을 유지하는 데 꼭 필요한 원동력일 수도 있는 것이다. 따라서 애도위기개입자는 이러한 애도의 특성을 충분히 알고 애도반응과 우울증을 식별할 수 있는 전문적인 지식과 함께 충분한 임상훈련을 갖추어야 한다.

(5) 양가감정

애도 작업을 하는 가장 중요한 목표는 양가감정의 통합이다. 비정상적 애도반응을 보이는 사람들은 고인과의 미해결된 문제들이 남아있거나 학대, 자살 등 외상적이고 급격한 사별을 한 경우일 수 있다. 애도위기개입자는 상실을 경험한 사람이 사별 이후 경험하는 극심한 슬픔과 상실의 감정을 충분히 느끼고 표현하도록 하여 자신을 두고 떠난 사람에 대해 느끼는 사랑과 분노, 감사하는 마음과 죽음을 막지 못했다는 죄책감, 불안과 두려움 등을 있는 그대로 받아들이고 통합시켜 고인이 없는 환경에서도 잘 살아갈 수 있도록 해야 한다. 이를 위해서는 애도위기개입자는 사별자가 안전한 환경에서 애도와 관련된 경험을 충분히 정서적으로 분출할 수 있도록 지지, 격려를 해 주고 공감적 경청의 자세를 가져야 한다.

(6) 대인관계

사별로 인한 복합적인 애도로 인해 고통받는 사람들은 보통 낮은 자존감을 갖기도 하지만 잃어버린 관계나 그 관계의 대상을 이상화하는 경향이 있다. 이러한 양극화는 애도자의 사별로 인한 정서적인 혼란 상태와 복합적 애도의 가능성을 높게 한다. 그러므로 애도위기개입자는 사별자가 사별한 사람과의 관계를 좀 더 현실적이고, 통합적이며 더욱 뚜렷한 전체의 현상으로 바라볼 수 있도록 도와야 한다. 이러한 비정상적인 애도 반응은 애도과정이 정상적일 수 있도록 도와주는 사회적 지지체계가 부족한 경우와 관련되기도 한다. 따라서 상실에 대해서 생각하도록 하는 것, 이전 사건들을 사별 이전·사별을 경험하는 동안·사별 이후로 나누어 발생순서와 결과를 이야기하도록 하는 것, 사별과 관련된 감정을 탐색하도록 격려하는 것이 좋으며, 이때 상담자는 잃어버린 사회적 지지를 대신하는 역할을 한다.

(7) 해결되지 못한 Grief 반응의 단서들(Lazare, 1989)

- 평정심을 잃지 않고 이전의 상실에 대해 얘기할 수 없으며, 고인에 대

해 이야기할 때 항상 강렬하고 새로운 슬픔을 표현한다.

- 상대적으로 중요하지 않은 어떤 사건이 강렬한 애도 반응의 방아쇠 역할을 하여 격심한 사별슬픔을 표현한다.
- 임상 면접 중에 상실로 인한 주제가 계속해서 나타난다.
- 고인이 소유했던 유품이나 관련된 것들을 버리지 못하는 것도 해결되지 못한 애도의 증상이기도 하지만, 이러한 판단을 하기 전에 문화적, 종교적 차이점 등을 분석해 봐야 한다.
- 고인이 죽기 전에 앓았던 것과 똑같은 증상을 앓고 있다고 말한다.
- 사망 이후에 생활방식이 급격히 변화했거나 중요한 친구들, 가족 구성원들, 여러 가지 활동, 고인과 관련된 장소를 방문하는 것 등을 회피한다.
- 상실 이후 장기간의 우울, 지속적인 죄책감과 저하된 자존감을 표현한다.
- 고인의 행동을 모방하려는 충동을 강하게 나타낸다.
- 자기파괴적인 충동이나 자살의도가 분명하게 나타난다.
- 매년 고인과 나누었던 특정한 시기에 주체할 수 없는 슬픔이 나타난다.
- 사별자가 고인을 괴롭혔던 특정한 질환이나 죽음에 대한 공포를 보인다.
- 사별자가 죽음과 관련된 의식이나 활동을 분명하게 회피한다.
- 죽음을 둘러싼 사건들을 강박적으로 재구성하려고 한다.
- 죽음의 시점에 고인과의 관계에서 무엇이 일어나고 있었는지(대개는 부정적임)에 초점을 맞추고 관계 자체를 제외시킨다(좀 더 긍정적임).
- 계획 부족 또는 충동구매, 사기당할 가능성이 높거나 재정적 문제로 인해 주택이나 금전이 상실되는 것과 같은 2차 상실이 있다.
- 사망이 사람에 의해 일어났다고 생각해서 특정의 사람을 충동적이고 강박적으로 비난하고 책임을 지우려고 한다.

위에 열거한 것과 같은 특징을 나타내는 사별자들은 상대적으로 적지만,

이들은 우리가 생각하는 것보다 더 자주 이러한 증상들을 경험할 수 있으므로 사별자들이 이러한 행동을 보일 때 애도위기개입자는 놀라지 말고 대처할 수 있도록 차분하게 준비할 필요가 있다(Worden, 1991). 그리고 복합적 애도에 대한 진단적 단서들을 고려하여 보수적이고 신중하게 실제적인 접근을 해야 한다(Belitsky & Jacobs, 1986).

(8) 애도반응에 영향을 주는 요인들

① 고인과의 관계의 질

고인과의 애착의 강도와 질은 애도의 강도와 기간을 결정하는 데 가장 큰 영향을 미친다. 특히, 배우자의 존재가 삶에서 차지했던 비중과 배우자에 대한 의존도가 매우 중요하다. 일반적으로 서로 친밀한 관계를 유지하면서도 상대적으로 독립적인 능력과 정서적인 분리가 가능했던 경우에는, 슬픔의 초기 강도는 매우 높겠지만 시간이 지나면서 자신의 새로운 정체성을 수립할 가능성이 높다. 반대로 서로 친밀하지 못했고 내면에 증오감이 매우 깊었던 경우라면, 배우자의 죽음은 오히려 안도감이나 해방감으로 다가올 수 있고 사별 이후 새롭게 삶을 추구해 가게 된다. 그러나 배우자와의 친밀감이 깊으면서 상대에 대한 의존도가 매우 높았던 경우에는 배우자 사별 후 혼자 살아가는 것과 관련하여 매우 큰 어려움을 경험하게 될 수 있다. 또한 갈등이 심하면서도 양가감정으로 애증이 공존하는 상황이었다면 사별 후 매우 혼란스러운 감정을 경험하게 되므로 이로 인해 매우 힘들게 된다.

② 죽음을 둘러싼 상황

죽음을 둘러싼 독특한 상황은 애도의 과정에 영향을 미칠 수 있다. 갑작스럽고 예기치 못한 죽음은 죽음에 대해 전혀 준비할 시간이 없었기 때문에 사별자가 현실감을 갖기가 매우 어렵고 충격이 매우 크며 애도의 과정 또한 오래 걸릴 수 있다. 그러나 오랜 기간 투병으로 인해 배우자의 죽음을 예견할 수 있는 상황이었다고 해도 이미 너무 소진된 상태라 애도과정이 지연되거나 매우 힘들 수 있다.

③ 지지체계와 관련된 상황

애도과정에서는 치유를 받기 위해 다른 사람의 지지를 필요로 한다. 적어도 한 사람이라도 안정된 지지체계도 없다면 애도의 작업을 잘 치러내는 것이 어렵게 될 수도 있다. 따라서 지지체계가 얼마나 지속적으로 실제적인 도움을 줄 수 있는 자원인가가 중요하다.

④ 독특한 성격

사별자의 독특한 성격이 애도 반응에도 반영이 된다. 성격이 조용하다면 조용히 슬픔을 경험할 것이고 적극적인 성격이라면 보다 더 잘 슬픔을 표현할 수 있을 것이다. 사랑에 대한 욕구가 커서 배우자의 상실로 인한 공허감을 많이 경험하는 성격이라면 상대적으로 고통이 크겠지만, 사람들에게 자기 자신을 잘 표현하고 지지를 얻는 것을 통해 슬픔 치유를 잘 해갈 것이다.

⑤ 스트레스 대처 방식

이전의 스트레스에 어떠한 방식으로 대처했는지가 현재의 상실 경험에도 반영된다. 스트레스에 대한 대처 능력이 좋은 사람은 대부분 자아강도와 자율적인 조절능력이 높으며, 불확실성이나 인내력이 높고 대인관계능력이 좋은 편이다. 그러나 장기화된 불안이나 우울을 경험한 적이 있는 경우에는 새로운 스트레스에 대처할 능력이 낮을 수 있다.

⑥ 문화적인 배경

문화적인 영향은 애도를 표현하는 방식에 중요한 영향을 미칠 수 있다. 나라마다 특수한 사회 문화적인 특성이 있고, 가정마다 그 가족만이 지니고 있는 고유한 문화도 각각 다를 수 있다. 각자에게 익숙한 방식으로 자연스럽게 표현되는 애도는 건강하다.

⑦ 종교적 또는 영적 배경

애도에는 종교나 영적 배경도 중요한 영향을 미친다. 사랑하던 대상을 상실하게 되면, 어떤 사람들은 전지전능한 힘에 대해 매우 가까워지는 것을 느끼게 되는가 하면 어떤 사람들은 더 거리감을 느끼고 적대적이 되기도 한다. 또한 죽음에 대한 의미를 추구하게 되고 상실에 근거해서 다시 삶을 평가해보기도 한다. 이 과정에서의 삶에 대한 가치관의 재정립은 애도자의 남은 삶을 보다 활력 있고 의미 있게 살아가는 데 중요한 역할을 한다.

⑧ 공존하고 있는 스트레스

사별 당시 이미 신체적 건강상태가 나빠져 있었던 경우에는 사별로 인해 건강상태가 더욱 악화되는 경향이 있다. 또한 사별 후 스트레스를 같이 해결해오던 배우자가 없다는 사실에 직면하게 되는 경우에도 이로 인한 절망감이나 심적 부담감이 증가될 수 있다.

⑨ 이차적 상실

사랑하던 대상의 죽음에는 자주 이차적인 상실이라 불리는 또 다른 상실이나 힘든 일들이 수반된다. 죽음의 경우, 상실이 하나로만 끝나지 않는 경우가 많다. 남편과의 사별로 인해 경제적인 안정을 잃을 수도 있고, 살았던 집이나 미래에 대한 희망을 잃을 수도 있다. 자식을 상실한 부모의 경우, 혼자 고립되어 살거나 다른 사람에게 의존해서 살아야 하는 경우도 있다. 이러한 다양한 이차적 상실은 슬픔의 치유에 부정적인 영향을 미칠 수 있다.

⑩ 생물학적인 성

남성 또는 여성인지가 애도에 영향을 미칠 뿐만 아니라 사람들과의 관계에도 영향을 미친다. 물론 일반화할 수는 없지만, 슬픔을 표현하는 방식과 태도에서 나타나는 남성과 여성의 분명한 차이가 애도에 영향을 미친다고 볼 수 있다.

⑪ 장례식 경험

장례식은 사랑하는 대상의 죽음을 경험한 후의 심리적 · 사회적 · 영적인 치유에 도움이 된다. 장례식은 슬픔의 느낌을 표현하도록 허용하고 격려해 주는 적절한 환경을 제공해 준다. 즉, 장례식을 통해 슬픔을 표현할 수 있고 또한 고인을 기리며 필요한 지지를 제공해줄 수 있는 사람들과 가깝게 함께 하게 된다. 또한 죽음이 발생했을지라도 인생은 계속된다는 것을 알게 되고 종교적, 영적 혹은 철학적 배경과 관련된 의미를 깨닫게 된다. 만약 어떤 이유에서든 죽은 사람의 장례식에 참석할 수 없거나 장례식이 왜곡되어진다면, 그것으로 인해 애도과정은 지연되어질 수 있다.

(9) 애도의 네 가지 과업

일반적으로 애도과정에서는 아래의 네 가지 과업이 수행되어야 하는데, 이 단계를 수행하게 되면 애도는 조정차원에 있다고 볼 수 있다.

① 상실을 현실로 받아들인다.

죽음이 일어났다는 현실을 이성적, 감정적으로 받아들이는 것을 의미한다.

〈상실의 현실을 부정하는 모습의 예〉

- 죽음을 알리지 않고 시체를 집안에 놓아둔다.
- 다시 돌아올 것이라 믿고 죽은 자의 물건을 그대로 놓아둔다.
- 죽은 사람이 다른 사람으로 다시 태어났다고 믿는다.
- 죽은 사람이 아무런 가치가 없었던 듯, 상실에 의미를 부여하지 않으며 죽은 사람을 생각나게 하는 것들을 모두 없앤다.
- 기억상실을 통해 죽은 사람에 대한 기억을 지운다.
- 죽음이 돌이킬 수 없는 것임을 부인한다.
- 심령술에 의존한다.

② 슬픔의 고통을 치러낸다.

고통스럽기는 하지만 사별로 인한 슬픔을 인식하면서 적응해나가야 한다. 이를 회피하거나 억압해버리면 신체적 질병으로 신체화하거나 부적응

이상행동으로 애도의 과정이 장기화될 수 있다. 또한 슬픔이 의식화되지 못하고 무의식 속으로 가라앉게 되면, 상실경험과 무관한 적절하지 않은 상황에서도 언제든 틈만 나면 의식으로 올라와 파괴적인 힘을 발현할 수 있다. 이 시기는 상담이 가장 필요한 시기이다.

〈고통을 잘 치러내지 못하는 예〉

- 고인을 생각나게 하는 것을 피하고 생각이 떠오르면 생각을 중단한다.
- 즐거운 생각만 한다.
- 죽음을 미화하고 이상화한다.
- 알코올이나 약물 등에 의존한다.
- 여행이나 이사를 통해 슬픔을 멀리하려고 한다.

③ 사랑하는 사람이 없어진 환경에 적응한다.

사별로 인한 고통 때문에 적응이 어려울 때 사별자는 자기정체감과 자기감을 잃어버리는 등의 위기의식을 느낄 수 있다. 즉, 죽은 사람과 더불어 자기를 잃게 되는 현상이 일어나서 삶의 방향과 의미 상실의 혼란에 봉착하기 쉽다. 사별자는 애도과정을 통해 고인이 없는 새로운 환경에 대한 적응과 죽음의 의미를 새롭게 깨닫게 되고 이를 통해 삶에 대한 통제력 회복과 함께 자신의 가치관과 세계관을 새롭게 정립할 필요성을 인식하게 된다. 또한 상실로 인해 변화된 자신의 삶의 목표를 재정립한 후, 익숙하지 않은 새로운 삶이지만 삶에 대한 대처능력을 배우게 된다.

〈고인이 없는 환경에 적응하지 못한 예〉

- 무기력에 빠져 세상을 등진다.
- 해결할 수 없는 딜레마에 빠져 감옥에 있는 것처럼 살아간다.

④ 정서적으로 죽은 사람을 재배치하고 삶을 계속 살아가기

애도자는 사랑하는 사람에게 쏟았던 정서적 에너지를 철회하여 상실 후

맺은 새로운 관계에 재투자하는 것이다. 이것은 죽은 사람을 잊는다는 것이 아니라 죽은 사람을 애도자의 마음속의 자리에 간직한 채, 다른 사람과의 관계를 새롭게 시작할 수 있다는 뜻이기도 하다. 관계 속에서 상실된 부분은 기존에 가지고 있던 관계를 재정립하거나 새로운 관계를 형성해감으로써 서서히 치유될 수 있다.

4. 애도의 과정

1) 정상적 애도

사랑하는 사람을 잃으면 극심한 슬픔을 겪는다. 슬픔을 겪는 기간은 약 6개월에서 1년 정도이며, 사별의 슬픔을 충분히 겪고 고인이 없는 삶에 적응하려고 노력하면서 서서히 일상생활을 영위하게 된다. 정상적인 애도는 죽음이라는 현실에 대한 완전한 이해가 이루어졌을 때 가능하다. 많은 사람들이 사랑하는 사람과 사별한 후 흔히 느끼는 정상적인 애도 경험에는 우울증이 동반된다. 그러나 애도경험이 모든 사람에게서 동일하게 나타나는 것은 아니다. 정상적인 사별의 경우 보통 사람들은 슬픈 감정, 수면 곤란, 초조 그리고 일상 업무 수행 능력의 감소 등과 같은 증상을 겪는다. 일반적으로 이러한 증상들은 사별한 사람과 함께 했던 기억에서 점차 멀어짐에 따라 2~4개월 후에 자연스럽게 사라지곤 한다(Lindermann, 1944; Parkers & Weiss, 1983; Veiderman, 1995). 그리고 남은 사람들은 이러한 사별의 현실을 인정하고 애도를 하면서 함께 사는 새로운 삶을 시작한다. 사별 후 정상적으로 적응한 후에도 기일이나 기념일에는 다시 사별 직후의 극심한 심리적 고통이 찾아올 수 있지만, 이는 정상적인 반응이고 어느 정도의 시간이 지나면 다시 일상으로 돌아갈 수 있다. 정상적인 애도는 정신과적인 장애로 간주되지 않을 뿐더러, 일반적으로 정상적인 슬픔을 경험하는 사람들은 이로 인해 치료를 필요로 하지 않는다.

정상적인 애도는 사랑하는 사람을 잃은 사람들에게 나타나는 가장 일반적인 감정으로 흔히 울음으로 표현된다. 특히, 애도 상담에서 가장 중요한 것은 상실로 인한 애도자의 반응이 자연스럽고 정상적인 반응이라는 것을 인식하게 하는 것이다.

2) 복합성 애도

(1) 복합성 애도의 개념

복합성 애도(Complicated Grief)는 1990년대 이전까지는 학계에서 pathologic grief, unresolved grief 등으로 불리다가 1995년 Prigerson 등이 복합성애도 척도(Inventory of Complicated Grief, ICG)를 개발하면서 Complicated Grief라는 용어를 쓰기 시작했다(Prigerson et al., 1995). 이후 학계의 논의를 통해 트라우마성 애도(Traumatic Grief; Prigerson et al., 1997), 연장된 애도 장애(Prolonged Grief Disorder; Prigerson et al., 2009) 등의 용어도 제안되었고, 최근에는 추가 연구가 필요하다는 조건을 달고 DSM－V에 지속적 복합사별 장애(Persistent Complex Bereavement Disorder; APA, 2013)라는 진단명으로 수록되었다. 현재도 복합성 애도, 트라우마성 애도, 연장된 애도 장애 등의 용어가 섞여 쓰이고 있다.

(2) 복합성 애도 증상

복합성 애도의 주요증상은 아래와 같다 (Prigerson et al., 1995).

－고인과 관련된 물건이나 장소에 마음이 쓰임
－고인의 죽음 이후 많은 시간 외로움을 느낌
－고인에 관한 생각에 사로잡혀 평소에 하던 일을 못 함
－고인의 죽음을 받아들일 수 없음
－고인의 죽음에 대해 화가 나는 것을 참을 수가 없음
－고인의 죽음 이후에 사람들을 믿기 힘듦
－고인이 생각나는 것을 피하기 위해 노력함

- 고인의 목소리가 들림
- 고인이 내 앞에 서있는 것을 봄

(3) 복합성 애도 반응의 진단

애도자의 우울증이 중요한 상실과 함께 시작되는 경우는 매우 흔하다. 그러나 어떤 경우에는 현재의 우울과 이전의 상실 사이의 관계가 분명하지 않을 수도 있다. 이러한 면에서 애도자의 대인관계를 살펴볼 때, 중요했던 사람이 사망한 과거력을 확인하는 것은 중요하다. 애도자의 과거력을 탐색할 때는 죽음과 관련된 상황과 이에 대한 애도자의 행동 및 정서적 반응 등 애도자 삶의 전반적인 맥락 안에서 포괄적으로 살펴보는 것이 적절하다.

(4) 복합성 애도의 유형

복합성 애도를 분류하는 방법은 여러 가지가 있다. 그중 가장 대표적인 네 가지 분류에 의하면 만성형 애도 반응, 지연된 애도 반응, 과장형 애도 반응, 위장된 애도 반응으로 나눌 수 있다.

① 만성형 애도 반응

만성형 애도 반응은 사별 후 오랜 시간이 지나도 자신의 애도가 끝나지 않았다고 생각하며 과도하게 슬픔의 기간이 길어지는 경우이다. 애도자가 여러 해 동안 사별을 애도했음에도 불구하고 여전히 미진함을 느낄 때 나타나며, 주로 "나는 살아갈 수가 없어.", "이 슬픔은 영원히 끝나지 않을 거야.", "나는 나 자신을 찾을 수가 없어."라고 표현되기도 한다. 만성형 애도 반응은 애도에 있어서 절대 만족하는 결론에 도달하지 못한다. 또한 애도자 스스로도 자신이 겪는 반응들이 애도기간을 제대로 끝내고 있지 못하다는 것을 상당 부분 지각하고 있기 때문에 진단을 내리기는 매우 용이하며, 만성적 우울증이나 알코올 중독을 유발할 위험이 있다.

② 지연된 애도 반응

지연된 애도 반응(delayed grief reaction)은 사별 당시 상실에 대한 슬픔의 표현이 금지되거나, 어느 정도의 정서 반응을 나타내기는 했지만 충분히 표현하지 못하였다가 이후 다양한 상황에서 부적절한 모습으로 슬픔이 표현되는 것을 말한다. 이러한 경우는 애도 반응이 발생할 때 원래의 상실(original loss)에 대한 반응이 아니고, 원래의 상실보다는 중요하지 않은 최근에 일어난 상실로 인해 발생할 수 있다. 어떤 경우에는 지연된 애도 반응이 정리하지 못한 사랑했던 사람의 연령이 되면서 자연스러운 애도 반응으로 나타날 수도 있다. 지연된 애도 반응을 보이는 사별자에게 과거의 상실과 관련된 질문을 하면, 실제로는 현재의 상실보다 과거의 상실에 대해 애도 반응을 하고 있음을 알 수 있다.

③ 과장형 애도 반응

사별자는 슬픔의 강도가 지나치게 커서 감정에 압도당할 것 같은 느낌을 갖거나 부적응적인 행동을 자주 일으키게 된다. 복잡한 사별을 경험하는 많은 사람들은 슬픔 감정을 견디는 것이 힘들 것이라고 느끼기 때문에 애도를 회피하는 경향이 있다. 이러한 사람들에게는 자신의 감정을 충분히 표현할 수 있도록 하는 것이 좋다. 그러나 과도한 애도를 하는 사람들은 빈번하게 슬픔을 느끼는 것을 자신의 마땅한 역할이자 의무로 보기도 한다. 슬픔을 유지함으로써 사별한 사람과의 관계에서 표현하지 못했던 죄책감을 보상하고 있다고 느끼기도 하기 때문에 이전의 만족스러운 활동으로 돌아갈 수 있는 적절한 방법을 찾도록 도와주고 슬픔의 대상을 버리거나 배신한다는 느낌 없이 새로운 관계를 발전시킬 수 있도록 하는 것이 중요하다. 이때 애도자의 주변 사람들은 애도자의 과도한 애도 반응에 의해 날카로워지거나 "이젠 좀 그만 됐다!"라는 식으로 반응하지 않도록 매우 신중해야 한다. 과장형 애도반응이 제대로 표현되지 않고 애도자의 삶을 지배할 경우, 정신장애로 표출되기도 한다.

④ 위장된 애도 반응

위장된 애도 반응을 나타내는 애도자들은 자신을 힘들게 하는 여러 증상들을 경험하지만, 그것이 상실과 연관된 증상이나 행동이라는 사실을 인정하지 않는다. 상실 직후나 상실 후 몇 년이 지난 다음에 애도 반응이 발생하기도 하는데, 슬프거나 우울함(dysphoric)으로 나타나는 게 아니라 무감각이나 슬픔의 부재, 정서적 둔감 등의 증상으로 표출된다. 하지만 이러한 증상이 상실과 연관이 있다는 사실을 본인 자신이 깨닫지 못한다는 것이 특징이다. 어떤 사람들은 위장된 애도반응으로 인한 신체화 증상이나 부적응 행동을 지속적으로 경험하기도 하며 심한 경우 슬픔을 이겨낼 수 없게 되거나 정상적인 삶의 역할로 돌아가는 데에 어려움을 겪을 수도 있다. 이러한 애도자의 반응이 사별로 인한 것인지 다른 문제에서 기인한 것인지를 구분하기 위해 정신건강전문가에게 의뢰할 수도 있다.

5. 애도의 다양한 이론

1) 사별 애도 단계(Bowlby, 1980)

애착이론의 선두적인 연구자인 볼비(Bowlby, 1980)는 사별 대상과의 관계를 재정립하는 데 초점을 맞추어 애도의 단계를 4단계로 구분하여 설명하였다. 구체적으로 각 단계를 살펴보면 아래와 같다.

(1) 1단계

1단계는 충격을 받고 무감각해지는 시기로 이 단계에서는 사랑하는 사람이 떠났다는 사실을 받아들이기 힘들어 이를 부인하면서 분노가 치미는 경우가 많다. 모든 감각이 멍해져서 넋을 놓고 지내기도 하는데 예상치 못한 갑작스런 상실을 당한 경우 이러한 시기는 더 길어질 수도 있다. 사별 후 1주일까지 지속되며 극단적으로 강렬한 우울이나 분노의 감정적 폭발이 일어난다. 이때는 대부분 상실이라는 사실을 받아들이지 않는 단계이다.

(2) 2단계

2단계는 사랑하는 사람을 보고 싶고(yearning) 되찾고 싶어서 찾아 헤매는 단계이다. Bowlby는 애도 반응의 중심을 충격으로 인해 잃어버린 사람을 찾아 방황하는 것으로 보았으며, 이 단계에서는 고인과 친분이 있었던 사람을 찾아 헤매거나 헤어신 연인이라며 연락을 취하기도 한다. Bowlby는 이 단계에서 발생하는 분노를 정상적인 애도 반응의 표현으로 보았으며, 애도자가 다시 회복되기를 원한다면 분노를 표현하는 것이 아주 중요하다고 보았다. 끊임없이 찾음, 반복되는 희망, 울음, 분노, 좌절감, 슬픔, 비난, 배은망덕 등은 모두 2단계의 특징이다.

(3) 3단계

3단계는 사랑하는 사람이 떠났다는 것을 현실로 받아들이면서 우울, 절망감을 느끼는 단계이다. 정상적인 사회생활에 지장을 주는 절망과 혼란의 단계로 인생의 의미를 잃어버렸다는 느낌이 들고, 만사가 귀찮으며, 우울, 불면, 식욕저하 등을 경험할 수 있다.

(4) 4단계

4단계는 점차 자신의 생활을 재구조화하면서 추스르는 단계이다. 고통스러웠던 내면의 상처의 흔적들이 서서히 치유되면서 변화된 자신의 삶을 재구조화하려고 노력한다. 이 단계에서는 사랑하는 사람과의 추억을 떠올리면 슬프지만 함께 했었던 기쁨도 느낄 수 있고 점차적으로 덤덤하게 된다.

2) 전형적인 애도과정(Process of Grieving)(Neimeyer, 2000)

(1) 회피(Avoidance)

사랑하는 대상과의 삶이 지속될 것이라는 기대를 무너뜨린 상실은 '강한 애도(Grief)'를 통해 받아들이기 어려운 상실의 실제를 경험하게 한다. 애도자는 충격, 무감각, 공황, 혼란 등 상실의 결과를 혼자 감당하기에는 너무 고통스러워 충분한 자각을 차단하거나 피하는 식으로 반응한다. 회피 단계의 반응은 타인의 목소리가 멀게 느껴지는 등의 비현실감, 주위환경으로부터 멀어지거나 분리된 느낌, 혼란스러움, 분노의 감정 등이 나타날 수 있다. 쇼핑리스트 작성하기, 세금 내기 등 일상생활의 평범한 활동도 수행하기 어려우므로 지속적인 생활을 영위하기 위한 주위의 구체적인 도움과 정서적 지지가 필요하다.

(2) 동화(Assimilation)

며칠 그리고 몇 주 뒤에 차츰 상실의 영향을 충분히 받아들이게 되면서 충격과 회피와 연관된 분노 표출을 하게 된다. 일상생활의 수많은 장면에서 사랑하는 사람의 부재라는 가혹함을 알게 되면서, 그 극심함으로 인한 외로움과 슬픔을 경험하기 시작한다. 전반적 슬픔, 예측할 수 없는 울음 터트리기, 지속적인 수면장애와 식욕 저하, 동기 상실, 일과 놀이에 집중하거나 즐기기 어려움, 미래에 대한 절망이 포함된 우울 증상은 흔히 동반되고 불안과 비현실감 또한 나타난다. 사랑하는 이가 나타나는 환각증상, 신경과민, 숨 막힘, 메스꺼움, 소화 장애, 심혈관과 면역체계에 심부전을 초래하는 경우도 있다. 하지만 대부분의 사별자는 차츰 상실의 경험을 받아들이고 자신의 삶을 나아가게 할 방법을 찾으면서 궁극적으로 이러한 생리적 스트레스를 극복하게 된다.

(3) 적응(Accommodation)

상실 이후 갈망과 외로움이 수개월 혹은 수년간 지속되기도 하지만 고인이 없는 현실을 서서히 수용하기 시작한다. 점차 정서적 자기 통제 감각을 재수립하고 애도의 생리적 증상이 감소하면서 정상적인 식욕과 수면 습관으로 돌아온다. 상실 후 삶을 재조직하려는 느린 노력이 지속되는 상실로 인한 고통에 의해 간간이 중단되기도 하지만 일반적으로 '두 걸음 앞으로, 한 걸음 뒤로' 적응해나가는 과정이 나타난다. 애도자는 이러한 과정을 통해 상실 후 새롭게 적응해야 하는 변화된 삶에서 재구조화라는 긴 과정을 시작할 수 있게 된다. 이를 위해서 애도위기개입자는 우선 애도자의 상실 경험을 정상화하고 더욱 현실적 기대를 갖게 하는 방법으로 사망이나 주요 상실 이후 애도자의 첫 2년 동안의 전형적인 적응과정을 간략히 검토해보는 것이 유용하다.

3) 슬픔과 애도 단계(Westberg, 1962)

웨스트버그(Westberg)는 Good Grief(Westberg, 1962)에서 슬픔과 애도의 진행과정을 10단계로 설명했다.

(1) 쇼크와 부정(shock and denial)

쇼크로 인해 구토가 일어나기도 하고 어떤 이는 기절을 하거나 기절이라도 한 것처럼 얼어붙기도 한다. “이건 사실이 아니야, 그럴 수는 없어, 꿈일 거야.” 같은 말만을 되풀이하거나 “계속 손을 꼭 잡고 있으면 다시 숨을 쉬고 맥박이 뛸 것만 같았어요.”라고 말하거나 “영안실의 냉동고에 넣지 않았더라면 어쩌면 다시 살아날 수도 있었을 텐데.”라고 생각하기도 한다. 이와 같이 쇼크와 초기의 죽음이라는 사실의 부정은 우리를 비극적 충격에서 보호해주는 방어기제의 한 방식이라고 할 수 있다. 이 단계에서 사람들은 마치 아무도 죽지 않은 것처럼 평상시 그대로 행동하기도 하는데, 이러한 행동은 사람의 뇌가 극도의 고통이 갑작스럽게 찾아올 때 그것을 제대로 처리하지 못하기 때문에 발생하는 것이다.

(2) 감정의 분출(emotions erupt)

통곡, 외침 또는 한숨이 일반적으로 이 단계에 나타난다. 상갓집에 가면 상실을 당한 사람들이 문화에 따라 형식적으로 “아이고, 아이고” 하고 곡을 하는 모습도 볼 수 있지만, 너무나 큰 애도에 잠겨 넋을 놓고 우는 광경을 볼 수도 있다. 대부분 사람들에게는 ‘쇼크’, ‘부인’ 그리고 ‘통곡’이 빠른 속도로 바뀌면서 순환적으로 반복되기도 한다. 애도자가 초상을 치르는 3일에서 5일의 기간 동안 손님을 맞아 웃으며 환담을 나누다가 곧 영정 앞에서 울다가

기진하기도 하고 다시 손님을 응대하기도 하는 모습을 우리는 드물지 않게 볼 수 있는데 이러한 현상은 정상적이고 자연스러운 것이다.

(3) 화(anger)

분노는 분명한 이유가 있어서 생기기도 하지만, 언제, 누구에게든지 분명한 이유 없이 분출될 수도 있다. 때때로 이렇게 불합리하고 엉터리같은 일을 생기게 한 신이나 성직자에게 화를 내기도 하고, 사별이 가져오는 실제적, 심리적인 고통이 심하면 그런 고통을 가져온 고인에게 화를 내기도 한다. 또 자신을 사랑하는 다른 사람들이나 의료 전문가들에게, 아니면 내 차 앞으로 갑자기 끼어든 다른 차의 운전자에게 화를 퍼붓기도 한다.

(4) 질병(illness)

사별에 의한 강렬하고 깊은 슬픔은 심각한 스트레스를 가져온다. 스트레스가 만병의 근원인 만큼 사별의 애통함은 스트레스와 관련된 여러 가지 질병을 앓게도 한다. 감기, 독감, 위장병, 신경성 두통, 궤양 그리고 고혈압은 상실 후에 흔히 발생하는 질병이다. 사별의 슬픔이 사라진 후에도 스트레스에 의한 이러한 질병은 오래 지속되기도 한다.

(5) 공황(panic)

사별로 인해 처음 경험하는 복합적인 감정들이 애도자를 엄습할 수도 있고, 평소에 흔히 겪던 감정이 그 전과는 비교할 수 없을 정도로 강렬하게 다시 찾아오기도 한다. 또한 여러 가지 질병이나 심리적 장애들이 애도자들을 공황 상태로 내몰기도 한다. 공황 상태가 되면 대부분의 사람은 이성적으로 생각하고 판단하는 것이 어려워진다. 그래서 심리적인 원인에 기인한 공황을 심장마비로 오인하는 등의 일이 종종 발생한다.

(6) 양심의 가책(guilt)

사별 후 고인와의 관계에 대해 '~할 걸', '~하지 말 걸'하고 반추하며 반

사실적 사고나 깊은 후회와 자책에 빠지는 단계이다. 이런 자책 역시 애도과정을 적응적으로 거치는 데 있어서 경험할 수 있는 자연스러운 반응이다.

(7) 우울과 외로움(depression and loneliness)

엄청난 슬픔, 혼자된 느낌이 자주 발생한다. 애도자는 친구들, 가족과 함께 있으면서도 울음을 터뜨리고 슬픔, 죄책감, 분노 등의 기억과 느낌만 떠올린다. 우울과 외로움은 10개의 단계 중 가장 오래, 자주 머무는 단계다.

(8) 고통으로 되돌아가기(reentry difficulties)

남은 이들은 죽은 사람의 유품을 정리하여 없애버리지 않고 늘 가까이 두며 슬픔을 곱씹는다. 친구들이 아무리 강권해도 기분을 돌릴 만한 모임이나 일에 참가하지 않으려 한다. 배우자가 죽은 뒤 배우자의 옷을 만지며 눈물 속에서 지내고, 계모임이나 영화감상, 여행의 제안에도 절대 응하지 않는다. 이런 일이 사별 후 1년 정도 지속되는 것은 정상적인 것이라 할 수 있다.

(9) 희망(hope)

사별의 슬픔과 추억은 아직 남아 있지만 자신의 삶이 제자리로 돌아올 수 있을 것이라는 가능성을 생각하는 단계다. 눈물 속에서 지내다가 지나가는 우스갯소리 한 마디에 피식 웃고는 '아, 내가 웃을 수도 있네?'라고 인식하는 것이 출발 신호가 되기도 한다. 슬픔은 가시지 않을 것이고, 따라서 절대로 정상적인 삶으로 돌아갈 수 없다고 생각하는 단계와는 질적인 차이가 있다.

(10) 현실 긍정하기(affirming reality)

이 마지막 단계에서 남은 이들은 상실 전만큼은 아니지만 어느 정도 자신의 생활을 되찾게 된다. 물론 슬픈 기억들은 남아 있지만, 새로운 삶도 나쁘지 않다고 느끼며 점차적으로 삶에 적응해나가는 단계이다. 9, 10번째 단계는 다른 8단계를 모두 거칠 만큼 충분한 시간이 흐르지 않으면 밟을 수 없다. 또 사별자 중 일부는 불행히도 마지막 9, 10번째 단계를 경험하지 못하고 애도과정 중 8단계까지의 경험만을 반복하기도 한다.

4) 애도의 과정(Process of Grieving)(Schneider, 1984)

스트레스, 상실, 애도의 맥락에서 개인의 성장을 돕기 위해 고안된 성장 촉진 모델로 상실에 대한 신체적 · 인지적 · 정서적 · 행동적 · 영적 반응을 통합한 8단계 모델이다. 이 모델에서의 상실은 죽음과 이혼같이 쉽게 인정하는 상실뿐 아니라 내면적 사건, 신념체계, 성장과 노화의 과정을 포함한다.

(1) 1단계: 상실의 초기 자각

상실 초기에는 일반적으로 신체적 항상성을 위협하는 스트레스 요인들이 영향을 준다. 충격, 혼돈, 마비, 이탈, 불신, 지남력 상실은 중요한 상실이 일어났을 때 현실에 대한 정상적인 적응 반응일 수 있다. 이와 같은 상실에 따른 증상들은 개인이 경험하는 다양한 행동 · 정서 · 감정의 극히 일부일 뿐이다.

(2) 2단계: 버티는 것(holding on)을 통해 자각을 제한하려는 시도

2단계는 이전에 상실, 좌절, 스트레스, 갈등에 대처하기 위해 사용했던 내적 자원과 희망을 이용해 대처하려고 시도하는 정상적인 과정이다. 이 단계에서는 현재의 상실을 긍정적이고 새로운 에너지로 전환하고 무력감과 절망감을 갖지 않도록 하는 것이 목표이다. 2단계의 특징적인 행동 · 정서 · 감정은 근육의 긴장, 수면장애, 독립성, 대체물 찾기, 내적 통제에 대한 신념, 동경, 명상, 도취, 협상, 죄의식 등이다.

(3) 3단계: 놓아줌(letting go)으로써 자각을 제한하려는 시도

상실에 대한 자신의 한계를 인식하고 비현실적인 목표, 부당한 가정, 불필요한 환상을 버리는 단계이다. 이 단계에서는 상실한 사람이나 대상에 대한 의존과 애착에서 벗어나 미래에 대해 적응적인 행동과 태도를 갖는 것이 목표이다. 특징적인 행동·정서·감정은 우울, 거부, 혐오, 불안, 수치, 비관주의, 자기 파괴적 관념, 냉소, 망각, 쾌락주의 등이 있다.

(4) 4단계: 상실의 범위에 대한 자각

상실을 겪으면서 가장 고통스럽고, 외로우며, 무기력하고, 절망적인 단계가 4단계이다. 현재 자신이 처한 상실 상황에 대처하면서 도저히 방어할 수 없다는 것을 느끼며 의식의 범람, 박탈감, 극도의 슬픔을 경험한다. 4단계의 특징적인 행동·정서·감정으로는 탈진, 고통, 침묵, 외로움, 선입관, 슬픔, 고독, 무력감, 절망감, 존재론적 상실, 공허 등이 있다.

(5) 5단계: 상실에 대한 시각 획득

현재까지 어떻게 성장해왔고 애도자의 삶에서 영원히 사라진 것이 무엇인가를 포함하여 상실의 긍정적, 부정적 측면에 대해 균형을 찾고, 상실에 대한 책임의 한계와 범위에 대한 시각을 습득하는 것이 5단계의 목표이다. 5단계의 특징적인 행동·정서·감정으로는 상실 고통의 인내, 고독, 수용, 용서, 개방, 회상, 치유, 평화 등이 있다. 이 단계에서는 상실이 발생한 것을 수용하고, 자신의 과거를 받아들일 수 있는 시간을 충분히 갖는 것이 바람직하다.

(6) 6단계: 상실의 해결

6단계는 애도자가 고인이나 상실한 대상과 동일시하여 붙들고 버티거나(holding on) 의식적으로 놓아주는(letting go) 반응을 하지 않고, 상실과 무관한 행동을 함으로써 슬픔을 해소하는 것이 목표이다. 6단계는 자기용서, 회복, 헌신, 행동과 신념에 대한 책임감 수용, 일을 마무리하기, 종결을 고하기 등을 하는 시간으로 특징적 행동·정서·감정으로는 자기보호, 포기, 자신과 타인에 대한 용서, 결심, 평화로움 등이 있다.

(7) 7단계: 성장의 맥락에서 상실의 재구성

슬픔을 겪고 상실을 재구조화했을 때, 자신의 강점과 한계, 죽음, 남아있는 시간의 유한성을 생각함으로써 개인적 성장을 위한 동기와 추진력을 가지는 것이 7단계의 목표이다. 이 단계에서는 한계보다는 잠재력 발견하기, 문제를 도전으로 보기, 삶에 대해서 다시 호기심 갖기, 자아의 다양한 측면들 간의 균형 찾기를 하는 과정이다. 7단계의 특징적 행동·정서·감정으로는 감각적 자각의 강화, 주장, 자발성, 인내, 호기심, 통합 등이 있다.

(8) 8단계: 새로운 애착단계로의 전환

개인의 신체적·정서적·인지적·행동적·영적 측면이 통합되고, 상실을 이해하고 수용하는 높은 단계로 전환되는 과정이다. 삶의 가장 큰 상실을 통해 이전보다 더 크게 성장할 수 있는 재구조화와 전환이 이루어지는 것이 8단계의 목표이다. 8단계의 특징적인 행동·정서·감정으로는 상호 관계성의 자각, 무조건적인 사랑, 창조성, 전체성, 깊은 감정 개입, 탐색의 종결, 헌신 등이 있다.

5) 이중과정모델(Stroebe & Schut, 1999)

이중과정모델은 사람들이 삶에서 중요한 사람을 상실했을 때 어떻게 적응하는가를 이해하기 위한 분석적 틀이다. 사별에 대처하기 위한 이중과정모델(Stroebe & Schut, 1999)은 상실 그 자체를 다루는 것에 초점을 두는 상실지향방식과 새로운 삶에 적응하기 위한 회복에 초점을 맞추는 회복지향방식으로 구분한다. 이 두 가지 방식은 서로 순환하는 역동적인 과정이다. 즉, 사별 이후에는 고인과 관련된 생각이나 떠오르는 기억들로 인하여 극심한 슬픔과 마주하기도 하지만, 애도자는 여기에 머무르지 않고 사별에 대한 생각을 최소화하고 긍정적으로 생각하려는 노력들을 기울이기도 한다는 것이다. 이는 애도자들이 사랑한 사람의 상실에 대처해야 할 뿐만 아니라 죽음의 부차적 결과로 일어나는 그들 삶에서의 주요한 재구조화 역시 만들어야 한다는 것으로, 이 두 가지 측면은 모두 스트레스와 불안의 잠재적 요소라고 할 수 있다. 상실지향대처는 상실 경험에 집중하고 상실 경험 그 자체를 있는 그대로 겪는 것으로, 사랑한 사람의 죽음에 대해서 울거나 고인의 사진을 보며 그리워하는 것이다. 이에 비해 회복지향대처는 사별한 사람이 남긴 과업을 완수하거나 상실로 인한 변화에 자신의 삶을 재구조화하기, 자신의 새로운 정체성 개발하기 등을 통해 삶을 지속적으로 살아나가는 것이다. 이중과정 모델에서 애도자는 어느 순간 사별에 대한 생각을 떠올렸다가 또 앞날에 대해 긍정적으로 생각하려 하는 등 순환적 행동을 반복하면서 점차 사별에 대해 적응해나간나. 따라서 사별은 극복하는 과정이라기보다는 정서적 혼란과 슬픔, 노력의 과정들을 겪으면서 적응해 나아가는 과정이라 할 수 있다. 사별 후 얼마 지나지 않아 새로운 사람을 만나기도 하고 평생 혼자 살기도 하는 것은 이러한 사별에 대한 대처방식들 중 어떠한 대처방식에 초점을 맞추었는가에 따라 달라진다.

6) 애도를 겪는 과정(Deekne, 2002)

데켄(Deekne)은 삶이란 어떤 의미에서는 이별과 애도의 연속이라고 보았다. 그래서 사랑하는 사람이 언제 죽을지 예견할 수 있을 때, 남겨진 가족은 일련의 슬픔으로써 정서적 반응을 경험하게 되는 것으로 보았다. 그는 '애도를 겪는 과정(Grief Process)'을 12단계로 나누어 설명하였는데, 각 단계를 구체적으로 살펴보면 다음과 같다.

(1) 1단계

정신적인 타격과 함께 마비상태에 빠지는 단계이다. 사랑하는 사람의 상실과 마주치면 충격에 의해 일시적으로 현실 감각이 마비상태에 빠져 머릿속이 진공상태가 되기라도 한 것처럼 아무 것도 분별할 수 없게 된다. 이는 심리학에서 방어기제(防禦機制)라 부르는 상태이다.

(2) 2단계

부인(否認)으로 사랑하는 사람이 죽었다는 사실을 감정적으로 받아들이지 않을 뿐만 아니라 이성적으로도 인정하려 하지 않는다. "그 사람이 죽었을 리가 없어!", "틀림없이 어딘가에 살아있어!", "반드시 건강한 모습으로 돌아올 거야!"라는 식으로 확실하게 믿는 것이다.

(3) 3단계

패닉(panic)상태로 가까운 사람의 죽음에 직면했던 두려움 때문에 극도의 패닉상태에 빠지게 된다. 이 현상은 애도를 겪는 과정의 초기 상태에 나타난다.

(4) 4단계

부당함에 대한 분노가 발생하는 단계이다. 상실의 충격에서 어느 정도 벗어나면 슬픔과 함께 부당하게 고통을 감내할 수 없다는 분노가 격렬하게 솟구친다. 상당히 오랜 기간 동안 간병을 한 경우에는 어느 정도 마음의 준비가 되어 있어 분노감정이 약하고 비교적 경미하게 지나갈 수 있으나, 심장발작 등 갑작스러운 발병, 화재, 사고, 폭력, 자살에 의한 갑작스러운 죽음을 겪은 뒤에는 특히, 강렬한 화가 폭발하게 된다.

(5) 5단계

적의와 원망이 분출하는 시기로 남겨진 주변 사람들과 죽은 사람에 대해 적대감이나 원망의 감정을 마구 터뜨리기도 한다. 상대가 누구인가에 관계없이 희생양을 필요로 하는 경우가 많으며, 대체로 불합리한 행동이라 할 수 있다.

(6) 6단계

애도의 감정을 상징하는 반응인 죄의식이 애도자를 고통스럽게 하는 단계로 과거 자신의 행동을 후회하고 책망하게 된다. '살아있을 때 이렇게 했더라면 좋았을 걸…', '그때 그런 행동을 하지 않았더라면 훨씬 건강했을지도 모르는데…' 하고 후회하면서 자기 자신을 질책한다.

(7) 7단계

공상과 환상을 하는 시기로 공상을 통해 죽은 사람이 아직 살아있는 것 같은 생각에 사로잡혀 실제 생활에서도 살아있는 것처럼 행동한다. 몇 년 동안 죽은 어린아이의 방을 정리하지 않고 그대로 두면서 언제 돌아와도 곧 갈아입을 수 있도록 침대 위에 삼옷까지 순비해 놓는 경우도 있다.

(8) 8단계

고독감과 억울함이 애도자를 힘들게 하는 시기이다. 장례식이 경황없이 끝나고 찾아오는 사람도 차츰 줄어들면서 극복하기 힘든 고독한 적막감이 온몸을 휘감게 된다. 점점 사람이 싫어지기도 하고 기분이 가라앉아 자기 방에만 틀어박혀 있는 일이 많아지면서 대인관계도 소원해진다. 주위에서 아무리 권유해도 외출할 힘이 생기지 않는 단계이다.

(9) 9단계

정신적 혼란과 무관심의 시기로 하루하루 생활 목표를 잃어버린 공허함으로 인해 무언가 할 수 있는 기력을 잃어버린 상태이다.

(10) 10단계

체념과 수용 단계로 이 단계에 이르면 사랑하는 사람은 더 이상 이 세상에 없다는 쓰라린 현실을 '분명하게' 응시하며 상대의 죽음을 수용하고자 하는 노력이 시작된다. 수용이란 운명에 따라 어쩔 수 없이 그냥 흘려보내는 것이 아니라, 고인은 더 이상 존재하지 않는다는 사실을 적극적으로 수용하고자 하는 행위이다.

(11) 11단계

새로운 희망, 유머와 웃음의 재발견 단계이다. 고뇌에 찬 애도과정을 겪는 동안 영원히 지속되리라고 생각했던 고통의 시간이 지나고 점차적으로 고인이 없는 삶에 적응해나가는 시기이다.

(12) 12단계

회복의 단계로 애도자가 상실 이후 변화된 삶에서 새로운 정체성(identity)을 형성해나가는 시기이다. 애도의 과정을 거치면서 실생활에 적응해나간다는 것은 상실 이전으로 되돌아가는 것이 아니다. 상실이라는 고통스런 경험을 통해 얻어낸 새로운 정체성으로 더욱 성숙한 인격으로 성장할 수 있다는 것이다.

위에서 살펴본 것과 같이 애도의 단계는 학자들에 따라 매우 다양하다(Bowlby, 1961; Bailey, 1988; Lindermann, 1944; Worden, 2002). 많은 학자들은 애도과정을 단계별로 연속적인 과정을 거치는 것으로 정의하였지만, 사별한 사람들의 개인적인 특성이나 사별의 유형·사회적 변인·사회적인 지지망 등 여러 가지 외적 변인들에 따라 다르게 나타날 수도 있다. 또한 강조할 것은 위에서 상술한 애도의 모든 단계를 모든 사람들이 반드시 경험하는 것은 아니며, 이 단계들이 반드시 연속적이지도 않다는 것이다.

이와 같이 애도과정에 대한 이론과 방법들이 다양하지만 사별에 효과적으로 대처하기 위해서는 사별 상황 그 자체를 다루는 것은 물론 사별로 인해 변화된 새로운 삶에 적응하기 위한 회복과정을 같이 다루어야 한다. 이 두 가지 과정은 분리되기보다 서로 순환하는 역동적인 과정이다. 사별 이후 초기에는 많은 사람들이 사별과 관련된 생각이나 떠오르는 기억들로 인하여 슬픔이나 애도에 빠진다. 하지만 점점 시간이 지나면서 대부분의 애도자들은 슬픔에 머무르지 않고 상실에 따른 자기 이해와 그에 대한 의미 만들기를 통해 성장하는 과정을 거치게 된다. '고인이 없이도 일상적인 삶을 살아갈 수 있도록 하는 것' 이것이 애도과정의 핵심이다.

6. 애도 다루기

우리의 삶이 언제 끝날지 알 수 없는 것처럼 상실로 인한 애도과정이 언제 끝날지 미리 알려주는 예정된 시간표나 계획표는 없다. 사랑하는 사람의 죽음으로 인해 삶의 모습은 불가피하게 변화되지만, 앞으로 남은 삶도 살 만한 가치가 있다고 믿으며 살아가다보면 대부분의 사람들은 서서히 적응·회복·재통합·변환의 단계에 다다르게 된다. 삶 전체를 압도하던 애도의 혼란과 흐느낌은 조금씩 가라앉고 애도자에게 있어서 애도는 더 이상 심각한 문제가 되지 않는다. 이제 애도자의 삶의 주된 초점은 과거가 아니라 현재가 되지만 고인의 생일이나 기일 등 기념일이나 새로운 상실 경험이 있을 때 물러갔던 애도 반응이 다시 일어날 수도 있다.

상실에 적응하는 것이 때때로 고인에 대한 배신처럼 느껴질 수도 있지만, 이는 사랑하던 사람을 잊어버리는 것 또는 잃어버린 관계의 중요성을 최소화하는 것은 아니다. 이러한 과정은 상실 이후 남은 삶을 살아가야 하는 애도자의 당면한 과제이며 결과적으로는 애도의 과정이 남은 이들에게 사별에 의한 상실을 계속되는 현재의 삶으로 통합시키게 해주며, 사별자의 추억들 그리고 추도식이나 제사, 기도와 같은 다른 수단들을 통해 고인과의 연계는 유지된다.

1) 상실한 사람들의 남은 과제 함께 다루기

사랑하는 사람을 떠나보내고 남은 이들이 사별한 사람들을 애도하는 동안에 해야 할 일로는 '상실의 현실을 받아들이기', '고통스러운 애도 겪어 내기', '고인을 잃은 환경에 적응하기', '고인의 감정적 재배치와 삶을 함께 살아나가기'가 있다(Worden, 2007).

첫째, 사별에 대한 애도과업은 '그 사람이 죽었다'는 것과 '그 사람은 가 버렸다' 또는 '다시는 돌아오지 못한다'라는 현실을 완전히 직면하는 것이다.

상실의 현실을 부인하는 것은 일반적인 반응이며, 부인이 상실의 충격을 완화시켜주는 역할을 하지만 과도하거나 너무 오랜 시간 지속된다면 문제가 된다. 상실이라는 현실을 받아들이는 것을 확인할 수 있는 화법상의 증거는 '현재 시제'에서 '과거 시제'로, 즉 '~이다'에서 '~였다'로의 전환이다. 예를 들면 "우리 아버지는 좋은 분이에요."에서 "좋은 분이셨어요."로 바뀌면 어느 정도 수용이 이루어졌다고 볼 수 있다.

둘째, 사랑하는 사람의 죽음을 확인하고 어렵기는 하지만 죽음에 의한 긴 이별과 분리가 가져오는 경험들을 애도자들은 오롯이 겪어나간다. 물론 모든 사람이 동일한 고통의 강도를 동일하게 경험하거나 동일한 방법으로 느끼지는 않는다. 개인마다 정도의 차이는 있겠지만, 상실 후 남은 사람이라면 누구든 어느 정도 고통을 겪을 수밖에 없다. 고통을 회피하면 극복에 필요한 시간은 더욱 길어지게 된다.

셋째, 새로운 환경에 적응한다는 것은 다른 사물과 사람에 대한 적응을 의미하며, 신체적 · 행동적 · 영적 차원이 포함된다. 사별 후 적응 여부는 애도자와 고인과의 관계와, 사별 전 고인의 역할에 따라 다를 수 있다. 또한 애도자는 고인이 죽기 전에 했던 역할의 빈 자리, 살아남은 사람으로서의 감각에도 적응해야 하는 어려움이 있다. 애도과정에서 애도자가 남은 가구를 재배치하거나 식탁보를 바꾸는 등의 작은 행동들은 사별 후 변화된 환경에 적응해 가기 시작한다는 상징적 증거일 수 있다.

넷째, 애도는 애도자들이 사별 후 변화된 정서적 삶을 살아나가는 데 있어서 고인과의 관계를 단절하게 하는 것이 아니라, 고인을 위한 적절한 공간을 재배치하도록 도와주는 것이다. 고인에 대한 사랑을 잊거나 멈추지는 않았지만, 자신의 마음에 묶어 두었던 고인과 관련된 매듭을 풀어내고 고인이 없는 삶 속에도 사랑할 수 있는 다른 사람들이 있음을 인식하는 것이다. 즉, 상실에 건강하게 적응하기 위해서는 애도자의 변화된 삶 속에서 고인을 회상하고 새로운 관계를 정립하는 것이다. 따라서 애도자는 고인과의 모든 추억들을 잊지 않으면서도 새로운 삶의 세계에서 적응하며 살아나가기 위해 고인과의 관계와 기억을 재구조화하고, 새로운 정체성을 형성해 회복된 삶을 살아나가야 한다.

2) 충분히 표현하도록 돕기

보통 상실 사건이 일어났을 때 남아 있는 사람들은 죽은 사람에 대해 심하게 화가 나는 것이 일반적이다. 예를 들어 사랑하는 이가 음주나 자살로 사망했다면 어떨까? 심지어 그 죽음이 불가피한 것이었고, 죽은 사람이 달리해볼 방법이 없었다 하더라도 화가 날 수 있다. 이와 같이 애도위기개입자는 애도자에게 상실을 초래한 상황이나 그로 인한 고통스러운 감정, 상실을 야기하거나 막지 못한 대상과 자기 자신에 대해 자연스럽게 떠오르는 원망감과 죄책감을 충분히 표출하게 할 필요가 있다. 이와 같이 상실로 인한 부정적인 감정들이 위기개입자의 반영적 경청과 공감 아래 충분히 표출되고 정상화되면, 견딜 수 없을 것 같았던 애도자의 혼란스러웠던 생각과 양가감정들이 한층 감소되고 정화되는 효과를 경험하게 한다. 감정 정화는 일차적으로 정서적 고통을 완화시키는 효과가 있을 뿐 아니라, 새로운 측면에 주의를 돌릴 수 있는 인지적 자원을 증가시켜 이후 상실에 대한 의미재구성을 촉진하는 데도 유용하다. 그리고 애도자는 이러한 느낌들을 경험하는 것, 죽은 사람에게 화가 나는 것을 느끼는 것, 죽음을 막을 수 없었던 자신에 대해 화를 내는 것 등 모든 종류의 감정에 대해 스스로 허용하고 그런 감정을 느끼는 것에 대해 죄책감을 갖거나 자신을 책망해서는 안 된다.

3) 새로운 의미 추구(고인과의 같고도 새로운 연결)

사랑하는 사람을 상실한 충격과 고통을 받아들이고 성장을 이루기 위해서는 상실을 계기로 지나온 삶을 돌아보고 새롭게 변화된 삶의 의미와 가치를 발견하는 것이 중요하다.

Grief는 애도자가 사랑하던 사람의 상실을 자신의 계속되는 삶에 통합시켜 가는 과정이기 때문에 사별 후에도 고인과의 심리적·정서적 연결은 매우 중요한 의미를 지닌다. 이러한 고인과의 연결은 애도자가 애도과정을 수용할 수 있도록 하는 의미 있는 것이기도 하지만, 반대로 고인과의 연결의 끈을

놓지 못하는 것은 병적인 애도가 지나치게 오래 지속되는 증거가 될 수도 있다. 애도위기개입자는 애도자에게 고인과의 연결이 지속되는 것이 건강한 것인지 병적인 것인지를 판단해야 한다. 판단할 수 있는 2개의 기준은 첫째, 남은 이가 죽음과 상실을 인정하고 수용하고 있는지 둘째, 남은 이가 자신의 새로운 삶에 적응해나가고 있는지 여부이다. 두 질문에 대해 그렇다고 판단할 수 있으면 죽은 이와의 연결이 유지되는 것은 건강한 것이다.

매년 한식날, 추석 혹은 현충일에 수많은 사람들이 사랑하는 이의 묘지를 방문해 저마다의 의식을 치른다. 어떤 사람은 기도하기도 하고 또 어떤 사람은 술을 붓고 잡초를 제거하면서 자기만의 슬픔을 내려놓는다. 산 사람과 죽은 사람의 관계는 죽음 이전과 같지 않지만, 그 연결의 끈에는 생전에 비해 더 강하고 더 깊은 사랑과 그리움이 존재한다. 애도자가 이러한 연결이 정상적인 것이며 생전의 연결에 비해 더 긍정적일 수 있음을 알게 될 때 그들은 보다 건강하게 애도하고, 애도의 터널을 더 효율적으로 통과할 수 있다.

4) 새로운 이야기 쓰기

상실을 경험한 사별자가 자신의 고통스러운 상실 경험에 대해, 고인과의 관계에 대해 이야기하는 것은 치유효과를 갖는다.

사랑하는 누군가가 죽었을 때 남은 이들은 떠난 이의 인생과 자신의 인생에 대한 이야기를 삶의 전체적인 맥락 안에서 다시 재구조화하게 된다. 이러한 작업은 개인이 자신의 인생을 '이야기들'로 바라봄으로써 상실로 인한 애도에 대해 더욱 넓게 조명할 수 있게 한다. 남은 이는 상실이라는 불가피한 변화에 따라서 자신의 삶의 이야기를 재구조화하여 상실에 대처하는 방법을 발견함으로써 고인을 새로운 방식으로 자신의 삶 속에 통합시키고 전체성을 회복해 나갈 수 있다. 죽은 사람에 관해 이야기하는 것은 애도에 대처하는 효율적인 한 방법으로 애도와 관련된 이야기는 특정한 모형의 규칙에 얽매이지 않고, 즉 그것이 어떻게 해야 하고, 어떻게 느껴져야 하며, 어떻게 생각되어야 하는가에 대한 제약 없이 사별한 사람들에 의해 말이나 글로 표현될 수 있다.

5) 사회적 지원

현대의 핵가족 사회에서 장례 절차와 문화는 남은 가족과 친지들에게는 매우 당황스럽고 생소한 것이다. 이런 절차에 대한 안내와 지원은 실질적으로 큰 도움이 되며, 장례식·사별 가족 모임 등은 애도를 자연스럽게 표출해도 되는 좋은 기회이므로 이러한 상면에서는 충분히 애도를 표현하도록 돕는 것이 필요하다. 울지 말라고 하기보다는 지나친 슬픔과 애도로 기진하지 않도록 때맞춰 먹고 휴식해 가며 슬퍼할 수 있도록 돕는 것이 더 적절한 도움일 수 있다.

사별자들을 사별 가족 모임과 같은 사회적 관계망으로 연결시켜 주는 것 역시 도움이 된다. 이런 자조 집단의 구성원들은 유사한 상실들을 경험했으므로 함께 모여 서로 이야기하면서 상실 경험을 그들의 삶에 통합시키고, 사별 후의 삶에 도움이 되는 유용한 정보와 지식을 줄 수 있다.

애도자는 장례식, 기일의 제사와 추도식 외에 특별한 의식을 통해 도움을 받을 수도 있다. '애도 집단상담'을 통해 심리적 안정과 함께 고인을 상징적으로 떠나보낼 수 있게 하는 의식이 그것이다. 즉, 고인에게 작별의 편지를 쓰고 난 후에 그것을 땅에 묻거나 태워버리는 것, 빈 의자에 떠난 이를 초대하여 남은 이가 생전에 말하지 못한 메시지와 작별인사를 하게 한 후 다시 떠나보내는 '빈 의자 기법' 등이 그 예다.

마지막으로, 애도자가 사별이라는 상황을 자신의 인간적 성장의 기회로 활용하도록 돕는 것이 필요하다. 사별을 성장을 위한 기회로 보는 것은 쉽지 않지만 이러한 관점을 가질 때 죽음이 가져온 상실을 수용하는 쪽으로 좀 더 쉽게 이동하도록 촉진시킬 수 있다. 애도는 죽은 이와 함께 했던 경험과 사별한 현재 상태로 애도자의 세상을 분리시키는 것이 아니라, 이 두 경험을 통합시키는 과정이다. 상실된 관계는 변화되었을 뿐 끝난 것이 아니다. 사랑하는 사람을 떠나보내고 그 사람이 없는 세상에 살아남게 되는 비통한 경험은 개인에게 있어서 죽음과 삶에 대한 더 깊고 성숙한 이해를 가져올 수 있는 기회이기도 하다.

상실로 인한 애도 반응

1. 정서적 반응

▪ 슬픔

슬픔은 상실 후 느껴지는 가장 일반적인 감정으로 흔히 울음을 동반한다. Parkes와 Weiss(1983)는 울음은 다른 사람들로부터 동정심이나 보호 반응을 유발한다고 하였다. 그러나 애도자의 많은 울음은 상대를 불편하게 하기도 하고 그런 마음이 전달되어 울음이 안 나오게 만들 수도 있다. 어떤 애도자들은 슬픔에 대한 공포 중, 특히 그 강렬함으로 인한 공포를 가진다(Taylor & Rachman, 1991). 우리는 사람들이 "나는 장례식에서 슬픔을 느낄 수 없었어."라고 말하는 것을 흔히 들을 수 있다. 많이 울면 안 된다는 슬픔에 대한 공포나 자신만의 슬픔 차단 욕구로 인해 맘껏 울지 못하는 것은 복합적인 애도 상태를 유발할 수 있다.

▪ 분노(Anger)

사별한 한 여성의 '그 사람이 죽어서 슬픈데 왜 이렇게 화가 나지?'라는 표현에서 보듯이 분노는 상실 후에 빈번히 경험하게 되는 것으로 가장 혼란스러운 감정 중 하나이다. 이러한 분노의 감정은 사별의 애도과정 중 많은 문제의 근원이 되고 있어 적절한 자기인식이 필요하다. 사랑하는 사람의 죽음을 막기 위해 아무 것도 할 수 없었던 자신에 대한 좌절감, 죄책감과 가까운 사람을 잃은 후에 나타나는 일종의 퇴행적인 경험으로서 분노가 표출된다. "나를 두고 가지 마!"의 나른 표현인 분노는 우리가 어린아이였을 당시 놀이공원이나 시장에 갔을 때 경험했을지도 모른다. 어머니와 같이 시장에 갔는데 갑자기 어머니가 사라졌다면, 어머니가 돌아올 때까지 유기불안으로 인한 공포와 분노를 느꼈을 것이다. 울면서 어머니를 찾은 아이는 어머니를 안고 사랑을 전달하기보다는 화를 내거나 분노를 행동으로 표현했을 것이다

중요한 사람을 상실했을 때 사람들은 퇴행하고 무기력감을 느끼며 고인이 없이는 살아갈 수 없다는 근심 걱정과 함께 분노를 경험하기도 한다. 이러한 분노는 애도자 개인의 차원에서 이해되고 확인되어야 하며, 고인을 향하여 적절하게 조준되어져야 한다. 하지만 흔히 분노를 전치(轉置)하거나 다른 대상에게 겨누기도 하고 죽은 사실 자체를 빈번히 비난하는 등의 비효과적인 다른 방법으로 다루기도 한다. 분노에 대한 가장 위험하고 부적응적인 방법 중 하나는 분노의 감정을 자신에게 돌리는 것이다. 이것은 "나 때문에 죽었어."라는 죄책감으로 밖으로 나타내지 못한 분노를 애도자 스스로에게 돌려 심각한 우울증이나 극단적인 자살행동으로 발전하는 것이다.

▪ **죄책감과 자기비난**(Guilt and Self-Reproach)

죄책감과 자기비난은 상실 후 애도자가 겪는 일반적인 경험들이다. 고인이 살아있을 때 좀 더 잘해주지 못했다거나 병원에 좀 더 빨리 데려가지 못해서 죽게 했다는 등과 같은 자기비난의 감정이다. 사망 발생 당시에 행했어야 할 어떤 것, 소홀히 한 행위들에 대해 끊임없이 생각하는 이러한 감정은 대부분 불합리한 것들이 많다. 죄책감과 자기비난의 경우, '당신의 잘못이 아니라 일어날 수밖에 없는 상황에서 일어난 것이다.'라는 '현실 검증(reality-test)'을 통해서 완화될 수 있으나 그렇지 못한 경우는 위험할 수도 있다. 그러나

죽음의 원인을 분명하게 제공했다면 애도자에게 진정한 죄의식이 될 수 있는데, 이러한 경우에는 '현실 검증(reality-test)'과는 다른 개입이 이루어져야 한다.

▪ **불안**

사랑하는 사람을 상실한 애도자들은 중요한 애착 대상의 상실로 인해 자신이 안전하지 못하다는 느낌, 죽음에 대한 강력한 공포, 삶의 유한함에 대한 깨달음, 스스로 자신을 돌볼 수 없을 것에 대한 공포로 인해 힘들어 하는 등 매우 다양한 정도의 불안을 겪는다. 불안이 매우 격렬하고 집요할수록 애도자의 정상적인 애도과정을 방해해 복합애도로 진행될 수 있다.

특히, 고인에게 의존적이었던 애도자일수록 고인이 죽은 후 스스로를 돌볼 수 없을 것이라는 사실로 인해 힘들어 한다. 그리하여 "그 사람 없이는 살아갈 수 없어!", "아내가 없는 삶은 무의미해, 곧 따라갈 거야."라는 말을 자주 한다. 다른 경우는 고인의 죽음을 통해 회피했던 개인적 죽음의 자각으로, 사랑하는 사람의 죽음에 의해 개인의 유한함에 대해 깨닫는 것이다(Worden, 1976). 이러한 극단적인 불안은 개인에게 매우 큰 공포증으로 발전할 수도 있다. 우리에게 잘 알려진 작가 루이스는 아내를 잃고 난 이후 "아무도 나에게 사별 슬픔이 그렇게 무서운 것이라고 말해 주지 않았다. 나는 두려워하지 않는다. 그러나 몸이 느끼는 전율은 두려움의 상태이다. 가슴이 두근거리고, 안절부절하며, 계속 하품이 나고, 계속 침을 삼킨다(Lewis, 1961)."라고 자신이 겪은 불안의 공포를 묘사하였다.

▪ **외로움**

외로움은 애도자가 흔히 표현하는 감정이며, 특히 고인과 친밀한 관계를 유지했던 배우자의 상실일수록 더욱 심하다. 남편을 잃은 아내들은 자신을 지켜줄 사람이 없고, 친밀감을 같이 나눌 상대가 없으며, 자신의 집이 안전하다고 생각해 밖으로 나가기를 꺼려해 외로움이 지속되기도 한다. 얼마 전 애도자 집단상담에서 사별한 지 15년 된 한 남편이 "아내가 죽은 후 너무 외롭다. 그 외로움을 이기기 위해서 자전거를 타고 악기를 배우며 시간을 보내지만 모두가 집으로 돌아가는 저녁이 되면 내가 혼자라는 것을 절실히 느낀다."라고 말했다.

Stroebe 등(2012)은 외로움을 감정적인 외로움과 사회적인 외로움으로 구분하였다. 사회적 외로움은 사회적 지지로 완화될 수 있지만 "남편 명의의 휴대폰 요금고시서를 받고 하루 종일 울었다."라는 표현에서 볼 수 있듯이 단절된 애착 관계로 인한 감정적 외로움을 완화시키지는 못한다. 때때로 외로움과 연관된 현상들은 따뜻하게 감정적으로 어루만져져야 할 필요성이 있지만 상실한 대상을 대신할 다른 대상이 와서 그 자리를 메운다 해도 완치는 불가능하다. 특히, 부부 간 사별을 애도하는 상태일 때 외로움은 더욱 분명히 나타난다. 따라서 또 다른 애착과의 통합으로만 개선이 가능하다.

▪ **피로감**(Fatigue)

상실 후 나타나는 매우 흔한 감정으로 무관심, 냉담함을 경험하기도 한다. 평소 활동적이었던 사람에게는 상실의 고통이 놀랍고 더 큰 고통으로 다가올 수 있다. 피로감은 "아침에 침대에 몸이 붙은 것 같아. 너무 피곤해서 다른 것을 할 수가 없어." 등으로 표현된다. 또한 몸을 덜 움직이면 에너지 소모가 덜하므로, 자기 보호 차원에서 스스로를 제한하는 것이라고 표현되기도 한다.

▪ **무기력**(Helplessness)

상실 후 애도자를 더욱 고통스럽게 만드는 것은 감정을 북받치게 하는 무기력한 느낌이다. 불안과 밀접한 관계를 가지고 있는 무기력은 흔히 상실의 초기 단계에서 나타나며 상실의 충격으로 인해 갓난아기를 돌보지 못하는 젊은 부인의 경우, 애도과정에서 자신이 아기를 돌보지 않게 될까봐 불안해서 극심한 무기력에 빠지는 경우도 있다. 이럴 경우 다른 가족이 함께 살면서 도와주는 것이 좋다. 흔히 피로감과 함께 동반되는 무기력이 심한 경우에는 주위의 도움을 요청하거나 전문가의 도움을 받는 것이 필요하다.

▪ **충격**

충격은 대부분 갑작스러운 죽음이 발생한 경우에 일어난다. 예를 들어 돌연사하거나, 남편이 교통사고로 죽었다는 것을 전화를 받고 알았을 때와 같은 경우이다. 흔히 예견된 죽음인 경우, 죽음이 이전부터 진행되어오고 있었고 고인이 치매이거나 암에 걸려 얼마 살지 못한다는 것을 알고 있었다고 해도 이러한 사실을 알게 되면 애도자들에게는 여전히 충격으로 경험될 수 있다.

▪ **그리움(Yearning)**

그리움은 상실에 대한 일반적이고 정상적인 반응이다. 사별한 여성에게 특히 심하게 나타나며 고인에 대한 그리움의 반응이 감소할 때는 애도가 거의 막바지에 다다랐다는 신호로 볼 수 있다. 그러나 애도가 계속해서 지속되면 '외상성 애도(traumatic grief)'의 가능성을 나타내는 임상적 신호일 수 있으며(Jacobs 등, 2000), 치료가 필요할 수 있다.

▪ **해방감**

해방감은 상실 이후에 발생하는 긍정적인 감정이 될 수 있다. 독재적이고 권위적인 아버지가 죽거나 장기간의 중병으로 인해 병간호에 지친 배우자의 경우, 정상적인 애도과정을 거치면서 '날아갈 것 같다'며 자유와 해방의 감정을 표현하기도 한다. 처음에는 이러한 낯선 감정에 불편해하며 괴로워할 수 있으나, 차츰 변화된 상황에 대한 정상적인 감정임을 인식하고 편안하게 수용할 수 있도록 해야 한다.

▪ **안도감**

많은 사람들이 사랑하는 사람의 죽음 뒤에, 특히 고인이 애도자와 평생 동안 힘든 관계를 가져왔던 경우에는 안도감을 경험하기도 한다. 오랫동안 질병의 고통으로 시달리던 배우자의 죽음 이후 "이제 남편의 병간호를 하지 않아도 된다고 생각하니 안도감이 생겨요. 그런데 이렇게 나만 편하게 살아도 되나 하는 생각이 들면서 남편에게 죄 짓는 것 같아요."라는 오랜 병간호에 지친 한 아내의 표현에서 보듯이 배우자의 병간호를 하지 않아도 된다는 것에 대한 안도감과 함께 죄의식이 애도과정에서 나타날 수 있다.

- **멍함(무감각함, Numbness)**

사별 후에 애도자는 멍함을 느끼게 된다. 이러한 멍함과 무감각함은 사별 후 초기단계에서 반복적으로 경험하게 되며, 일반적으로 사랑하는 사람이 죽었다는 사실을 알고 난 직후에 일어난다. 멍함과 무감각함은 건강하고 정상적인 반응이며, 고통스러울 수밖에 없는 감정들에 대한 방어기제로 지각을 차단하는 것이다. 즉, 사별로 인해 너무 많은 감정들이 한꺼번에 일어나서 의식할 수 없기 때문에 이러한 감정의 소용돌이에 압도당하지 않기 위한 자신의 보호 및 방어 기능으로 멍함을 경험하게 되는 것이다(Parkes & Weiss, 1983).

1) 정서적 반응의 사례

김○○은 성인이 된 두 딸을 둔 50대 주부로, 아주 끔찍한 사고로 남편을 잃었다. 동창모임 참석차 강릉에 갔던 남편이 밤늦게 돌아오는 길에 음주상태로 운전한 트럭과 충돌해 사고 현장에서 즉사한 것이다.

사고 전날 밤, 남편과 주말도 아닌 평일에 먼 지방까지 친구들 모임에 참석해야 되겠냐며 말싸움을 벌였다. 아내는 그렇지 않아도 요즘 부쩍 피곤해 하는 남편의 장거리 밤 운전이 너무 걱정돼 친구 모임에 가는 걸 원치 않았다. 하지만 남편이 친구들을 너무 만나고 싶어 해서 끝까지 말리지 못했다. 결국 "그렇게 걱정되면 같이 가자."라고 남편이 제안을 했지만 거절했다. 결국 너무 늦지 않게 오겠다는 약속과 함께 남편은 동창모임에 갔다. 동창모임이 끝나고 서울로 출발하기 전, 아내에게 전화했던 남편이 새벽까지 오지 않자 뭔가 불길한 일이 일어났음을 직감적으로 느꼈다. 불안한 마음으로 남편을 기다리는데, 휴대폰이 울리고 경찰이 남편의 이름을 확인했고 남편이 참혹하게 교통사고가 났다는 사실을 알렸다.

"자신이 사고당한 것처럼 충격을 받았고, 가슴에 통증을 느꼈으며, 울고 싶었으나 그럴 수 없었다. 잘 수도 먹을 수도 없었으며 모든 것을 포기하고 집에 있었다. 사고 당시 남편이 겪었을 고통을 생각하면 너무 슬프고 우울해 살고 싶지도 않다. 하루의 대부분을 절망감에 빠져 보내고 있다. 특히 모임에 가지 못하게 좀 더 강하게 말리지 못했던 것과 남편과 모임에 동행하지 않았다는 스스로를 향한 분노와 죄책감에 더 힘들다."라고 얘기하고 있다.

김○○은 남편과 사별한 지 일 년이 되었지만 아직도 여전히 정서적으로 힘든 상태라 상담을 받기 위해 위기상담센터를 찾아왔다. 그녀는 매우 조용하게 약간의 거리감을 둔 채 자신의 이야기를 했다.

2) 정서적 반응에 대한 이해

사랑하는 배우자 사별의 경우, 남아있는 배우자에게는 형언할 수 없는 극심한 고통과 슬픔의 상처를 준다. 특히, 예상하지 못한 사별을 당한 애도자는 말할 수 없는 무력감 속에서 정서적 충격과 혼란을 겪는다. 사랑하는 사람을 상실했다는 깊은 슬픔과 남편과 자신에 대한 분노와 죄책감, 그리움이라는 양가감정으로 인해 고통스러운 애도과정을 겪고 있는 애도자에게 위기개입자의 역할은 매우 중요하다. 위기개입자는 애도자 본인도 심리적 혼란에 압도되어 자신의 상태를 인지하지 못할 수도 있으므로 라포 형성과 함께 애도자에게 자신만의 사별경험을 마음껏 이야기할 수 있도록 분위기를 조성하는 것이 중요하다. 애도자만의 사별이야기를 안전한 환경에서 충분한 정서적 공감을 통해 토로할 수 있도록 함으로써 고통의 치유를 가져올 수 있다(Pincus, 1979). 이를 위해 애도위기개입자는 애도의 전체적인 맥락과 여러 가지 애도상황에서의 감정반응에 대한 이해가 선행되어야 하고, 지지적인 환경에서 정서적 표현을 편안히 하여 애도자가 감정 분출을 적절히 조절할 수 있도록 도와주어야 한다. 절대로 위기개입자의 경험으로 충고하거나 해답을 제시하려고 하지 말고, 애도자를 있는 그대로 수용해 주며, 경청해 주는 태도가 절대적으로 필요하다(윤상철, 2007).

3) 정서적 반응의 이해에서 고려해야 할 사항들

상실을 당한 대부분의 사람들은, 특히 사별 초기에 사랑하는 사람의 죽음을 받아들이지 못하고 부정과 저항을 한다. 이러한 반응은 정상적인 것이지만 적절한 애도과정을 거치지 못하고 이 상태에 머물러 사별이라는 현실을 받아들이지 않는다면 여러 가지 복합적인 문제에 부딪힐 수 있다. 이때 애도위기개입자가 고려해야 할 것은 상실 슬픔에 대한 애도자의 정서적 반응은 하나의 애도과정으로서 수시로 변화할 수 있으며, 강도 역시 때에 따라 다른 모습으로 나타날 수 있다(정소영, 1997)는 것이다. 애도자의 정서적 반응이 어떤 것이든, 누구를 향한 것이든, 슬픔의 고통으로 인해 사회적으로 용납 못할 악감정을 상담에서 표현한다고 할지라도 애도위기개입자가 이해하고 버텨준다면, 애도위기개입자에 의한 수용경험은 애도자가 자책감을 경험하지 않고 사별의 고통을 수용하며 일상으로 돌아가는 데 많은 힘이 될 것이다.

2. 인지적 반응

- 고인에 대한 생각에 몰두하거나 자신도 모르게 고인이 갑자기 문득문득 떠오르는 침투적 사고를 한다.
- 상실로 인한 충격으로 인해 절망감과 함께 자신을 비난한다.
- 주의집중의 어려움과 결정 내리는 것을 어려워한다.
- 비현실적인 감각, 죽음에 대한 반복적인 생각을 한다.
- 삶과 죽음의 의미에 대해 고민하고 애도자가 가지고 있던 기본적인 영적 신념이 흔들리기도 한다.[1]

1) Burnett, Middleton, Raphael, & Martinek, 1997; Parkes, 1996: 최선재, 2011에서 재인용.

1) 인지적 반응의 사례

이○○은 오토바이 사고로 21살의 아들을 잃었다. 원하는 대학 입학 후 선물로 사주었던 오토바이를 타고 친구들과 고속도로 주행 중 사고를 당한 것이다. 아들이 죽었다는 것을 받아들일 수 없어 장례 치르기도 거부했지만, 남편의 계속된 설득으로 겨우 장례는 마쳤다. 하지만 아들의 장례식을 어떻게 했는지 기억도 나지 않고 아들이 죽었는데도 아무 일 없었다는 듯이 예전처럼 살고 있는 남편과 딸을 보면 '어떻게 저럴 수 있을까?' 싶어 원망이 들고 밉다. 아들이 죽은 후, 집안 분위기는 침울해졌고 가족 간에 서로 기본적인 대화 외에는 거의 말을 하지 않는다. 유난히 자신에게 다정했던 아들이 보고 싶은 생각에 삶의 의미도 잃고 매일매일 깊은 슬픔과 절망감에 빠져 지내고 있다.

문득문득 아들의 모습이 떠오를 때면, 너무 괴로워 소리를 지르며 울기도 하고 잠을 자지 못하고 밥도 먹지 못한다. '내가 오토바이만 사주지 않았더라면 아들이 죽지는 않았을 텐데…'라는 생각에 자신을 비난하고 자책하고 있으며, 걱정이 되어 찾아온 사람들과 만나지 않고 피하고 있다. 일요일이면 남편과 함께 사이좋게 교회를 나가던 모습도 이제는 찾아볼 수 없다.

현재 이○○는 아들과 사별한 지 1년이 되었지만 아직도 여전히 힘들어하고 있다.

2) 인지적 반응에 대한 이해

누군가를 갑자기 상실하게 되면 고인이 사망하는 순간, 사망 소식을 접할 때, 장례식을 치를 때, 혹은 무슨 일이 벌어졌는지 명확히 알 때까지 기다리는 동안 대부분의 사별한 사람들은 비현실적인 느낌을 경험하게 된다. 이러한 경험은 꿈을 꿀 때처럼 마치 이 모든 일은 영화이고 실제가 아닌 것과 같이 느껴질 수도 있다. 이러한 비현실적인 느낌은 개인이 느끼는 정서적 고통은 뒤로 한 채 사별 상황을 다루는 것에 모든 에너지를 쏟음으로써 사별과 관련된 총체적 고통으로부터 개인을 보호하는 역할을 한다. 그러나 장례식이 끝나고 시간이 지남에 따라 애도자들은 드물지 않게 사별과 관련된 여러 가지 반응들, 즉 고인에 대한 생각에 몰두하거나 주의집중의 어려움, 다니고 있던 종교에 대한 신념이 흔들리거나 불현듯 떠오르는 죽음에 대한 생각들, 자기비난과 죄책감 등을 경험하게 된다. 아마도 중대하거나 외상적인 상실 이후에 뒤따르는 반응들 중 자기비난과 죄책감이 가장 중요한 반응일 것이다. '이 상황을 막기 위해 내가 뭘 할 수 있었을까?', '…했었더라면 죽지 않았을 텐데…' 혹은 '왜 우리에게…?' 등은 특히 갑작스런 사별 이후에 사별자들이 흔히 할 수 있는 생각들이다. 이러한 생각들은 특히 자살로 인한 사별 이후에 극심해지는데 사별한 사람들이 만약 자신의 생각을 스스로 정리해내지 못한다면 전문가의 도움을 받아야 할 정도로 힘들어지기도 한다. 또한 어린 자녀의 죽음과 관련된 상황이라면 이러한 자기비난이 더 극심해질 수 있다. 어린 자녀들은 전적으로 그들의 부모에게 의존하기 때문에 성인이 사망했을 때보다 더욱 더 죽음에 대한 죄책감에 시달리기 쉽다. 다수의 사별한 사람들은 사랑하는 사람을 잃으면 그들이 했던 말 혹은 고인과의 관계에서 했던 행동들 혹은 고인에게 말하고 싶었던 생각들에 대해 후회하게 된다. 일어난 일에 대해 수없이 곱씹거나 때때로 고인의 죽음이 자신이 잘못한 일에 대한 처벌이라는 생각에 사로잡혀 있기도 한다. 그러므로 애도위기개입자는 사별을 경험한 후 사별반응으로써 여러 가지 인지적 반응들이 뒤따를 수 있다는 것을 인식하고 사별자들의 반응을 존중하는 것이 중요하다. 동시에 사별자가 죄책감과 자기비난적인 태도 등 부정적인 반응에서 벗어날 수 있도록 인내하고 버텨줄 수 있어야 한다.

3) 인지적 반응의 이해에서 고려해야 할 사항들

사별로 인한 강렬한 고통스러움, 고인을 향한 그리움은 애도자들이 일상생활로 돌아갔을 때 매우 심한 강도로 그들에게 영향을 준다. 고인의 죽음은 애도자의 생활 어디에나 존재한다. 이는 자녀를 안고, 사랑하는 사람을 포옹할 수 없는 물리적인 부재의 문제이다. 특히 고인과 관련된 모든 활동의 부재는 사별한 사람들이 무엇을 하든 일상에서 마주치게 될 현실이다. 사별을 경험한 많은 사람들에게 첫 3~12개월의 기간은 가장 어려운 시기이다. 사별한 사람은 매 순간 고인에 대한 기억에 둘러싸여 있으며 모든 공휴일과 기념일(생일, 기일 등)을 처음으로 고인 없이 보내게 된다. 매일매일의 절망감과 상실감, 무력감, 강렬한 그리움은 종종 견딜 수 없을 정도로 애도자들을 힘들게 하지만 이러한 감정을 진정으로 이해해주는 사람도 주변에는 거의 없다. 이렇듯 애도반응은 개인마다 강도와 기간이 각기 다른데 극도로 강렬한 반응을 경험하는 사람들은 때때로 자신들의 반응이 '정상'인지, 혹은 자신들이 '슬픔에 미쳐가고' 있는 건 아닌지 의문을 품고 자신들이 경험하고 있는 것이 '정상적'이라는 것을 확인할 필요를 느낀다. 이러한 경우 애도위기개입자는 애도반응의 정확한 이해를 통해 원칙적으로 이러한 문제들이 사별이라는 비정상적이고 극단적인 사건에 대한 자연스럽고 정상적인 반응임을 애도자에게 이해시키고 정상화, 타당화를 통해 안심시켜주어야 한다.

3. 행동적 반응(Monk, Houck, & Shear, 2006)

- 식욕상실, 수면장애로 몸의 면역력이 저하되어 신체화증상이 일어난다.
- 배 속이 텅 빈 것 같은 헛헛함이 느껴진다.
- 가슴이 답답하게 조여드는 느낌이 들어 병원에 자주 가게 된다.
- 목이 갑갑하고 졸리는 느낌, 숨이 가빠지고 어떤 때는 숨이 안 쉬어지기도 한다.
- 한숨을 자주 쉬며 소음에 과민해진다.
- "길을 걸어갈 때 내가 낯선 사람 같이 느껴진다."와 같은 자신이 낯설게 느껴지는 이인증의 현상이 나타나며, 자기로부터 분리, 소외된 느낌이 들고 정서적 반응이 결여된다.
- 언어 장애 등 자기조절 불능의 느낌이 들고 근육이 약해진다.

- 입안이 자주 마르고 에너지가 많이 딸리는 느낌이 든다.
- 얼빠진 행동을 하거나 고인을 찾아다니며 소리쳐 부른다.
- 고인을 생각나게 하는 것을 피한다.
- 고인에 대한 꿈을 꾼다.
- 울거나 쉬지 않고 과잉행동을 한다.
- 고인의 유물을 간수하거나 다른 사람에게 더 의존한다.
- 고인과 함께 했던 특정 장소를 방문하거나 죽은 이를 생각나게 하는 물건을 지닌다.
- 다른 일에 대한 흥미 상실 및 대인관계가 위축된다.
- 사회적 철수와 은둔생활을 한다.

1) 행동적 반응의 사례

최○○는 쌍둥이 남매 중에서 아들을 잃은 후 사망한 아들에게 지나치게 집착해서 다른 사람들과의 관계에 문제가 생기게 되었다. 그녀는 자녀의 사망 후에도 쌍둥이용 유모차를 밀고 다녔는데 한 자리에는 쌍둥이 자녀 중 딸을, 다른 한 자리에는 사망한 아이의 사진을 싣고 다녔다. 그녀는 아들이 사망할 당시의 상황에 대한 악몽을 꿀 때면 괴성을 지르고 울부짖으며 밤을 꼬박 새기도 했다. 그녀는 아들을 극심하게 그리워해서 핸드폰에 저장되어 있는 아이의 울음소리를 듣기도 했으며, 심지어는 아이가 보고 싶다며 수시로 아이가 묻혀있는 장소에 가기도 했다. 그녀는 아이의 무덤 옆에 놓아줄 장난감을 끊임없이 사곤 했는데, 그녀에게 그 아이는 사망하지 않은 것이었다. 뿐만 아니라 그녀는 죽은 아이를 발견할 당시의 장면을 마음속으로 계속해서 생각하며 아들을 제대로 돌보지 못한 자신을 자책하며 힘들어했다. 또한 그녀는 다른 아이를 갖는 것에 집착했는데 죽은 아들이 새로운 아이로 다시 태어날 것이라고 믿고 있는 듯하였다.

최○○는 아들과 사별한 지 10개월이 되었지만 아직도 여전히 아들의 죽음을 받아들이는 것을 힘들어하고 있다.

2) 행동적 반응의 이해

몸의 떨림, 두근거림, 메스꺼움, 오한, 현기증과 같은 신체증상과 함께 사별 전에는 생각도 하지 못했을 여러 가지 일상적이지 않은 행동들이 사별을 경험한 사람들에게 드물지 않게 나타난다. 어떤 사람들에게는 이러한 증상들이 지속될 수 있으며 식욕부진, 수면장애, 공복에 너무 많은 커피 섭취 등과 같은 사별의 후유증은 더욱 심해질 수도 있다. 대부분의 사별한 사람들은 죽은 이가 남긴 상황 속에서 '이제 어떻게 살아가야 하지?', '이 상황을 어떻게 해결하지?'와 같은 다양한 생각들로 과거에 겪어보지 못했던 혼란스러움을 경험하는데, 이를 꼬리를 무는 '재앙'이라고 표현한다. 때때로 그들은 고인의 목소리를 듣거나 방 안에 함께 있는 것과 같은 느낌을 받기도 한다. 많은 사람들은 고인의 옷에 남은 체취를 맡거나 고인과 관련된 물건을 찾거나 고인과 그들을 연결시켜주는 무언가를 입는 등의 행동을 통해 고인과 여전히 가까이 있다고 느끼고 싶어 한다. 이러한 애도자의 특성을 고려해 애도위기개입자는 사별한 사람들을 그들 자신만의 속도에 맞춰, 다른 가족 구성원들과의 협의를 통해 고인의 옷이나 다른 물건들을 정리할 수 있도록 도와주는 것이 중요하다. 많은 이들이 고인의 물건을 없애거나 치우는 행위를 극도로 부담스러워하지만 이는 꼭 수행해야 할 일이다. 만약 사망 몇 개월 후에도 모든 것들을 건드리지 않은 채 둔다면 이는 내면의 애도 작업이 멈추어있음을 보여주는 신호이다. 또한 사별 뒤 엄습해오는 혼자라는 냉엄한 현실 속에서 너무 많은 것들을 다루어야 하는 애도자에게는 모든 것들이 혼란스럽고 뒤죽박죽인 것처럼 느껴질 수 있다. 일부 사람들은 이 기간을 거의 기억하지 못하기도 한다.

따라서 애도위기개입자는 애도과정을 힘들어하는 사람들이 상실에 따른 자연스러운 감정을 방어하면서 '강한' 상태를 유지하거나 반응을 억누르도록 하지 않고 정서적으로 반응할 수 있도록 신뢰관계에 중점을 두어 개입할 수 있어야 한다. 그리고 애도자들에게 염려되는 부분인 신체적 지각과 감각, 행동들이 심각하게 나타나는 경우 전문가에게 의뢰해야 한다.

3) 행동적 반응의 이해에서 고려해야 할 사항들

깊은 슬픔을 겪어내야 하는 애도는 무거운 심리적 압박감을 수반하기 때문에 신체적 질병의 발생 정도를 높인다는 결과가 연구에서 밝혀진 바 있다(Li et al., 2003; Schaefer et al., 1995). 이러한 연구결과는 사별이라는 심리적 공황 속에서 애도자는 신체적 면역 체계가 제대로 작동하지 않기 때문에 자신을 제대로 돌볼 수 없는 취약한 상태에서 다른 종류의 질병에 더 쉽게 감염될 수 있다는 것을 의미한다. 일상생활에 대한 불안 및 동요가 높아지고 자신을 부담스러워하는 주위의 반응으로 긴장, 두통, 소화 문제와 같은 신체질병이 이어질 수 있다. 아마도 주위의 이러한 반응들은 실제로는 그 주변 사람들이 사별한 사람들을 어떻게 도와주어야 할지 알지 못하거나 혹은 그들도 개인적으로 많은 영향을 받아서 사별한 사람들에게 연락하거나 고통스러운 주제를 다룰 생각을 하지 못하기 때문에 나타날 수 있다. 이렇듯 끊임없는 걱정과 잠재적으로 일어날 수 있는 일에 대해 전적으로 경계하는 것은 엄청난 양의 에너지를 필요로 하지만 현실적으로는 몸의 생리적 균형이 깨져 식욕이 줄어들면서 신체에 필요한 영양이 결핍되게 되는 것이다. 애도반응의 형태로 나타나는 다양한 행동들, 수면의 질 저하, 혼란스러운 사고의 급증, 식욕 부진의 조합은 많은 사람들을 갑작스런 사별 이후에 신체적으로 지치게 만들어 일상생활을 영위할 에너지를 소모하게 만든다. 이러한 변화들은 결과적으로 애도자의 대인관계에 영향을 미쳐 사회적 고립을 초래할 수도 있다(Seguin, Lesage, & Kiely, 1995).

위기개입자는 이렇듯 다양한 애도반응의 신체적, 인지적, 행동적 특성을 고려하여 애도자에게 특화된 매뉴얼, 프로토콜을 적용하여 관리하고 애도자를 도와줄 수 있는 양질의 사회적 관계망을 통한 효과적인 개입을 할 수 있어야 한다.

4. 애도위기개입자의 역할

1) 애도위기개입자의 의사소통

(1) 신뢰관계 형성

우리는 서로 다른 환경과 삶의 배경 속에서 살아가면서 나름대로의 독특한 경험과 가치관을 가지고 있다. 라포는 위기개입자와 상실경험자와의 관계에서 위기개입자가 상실경험자의 세계 안에서 상실경험자를 만나는 것을 의미한다. 라포를 형성한다는 것은 위기개입자가 상실경험자의 세계관에 무조건 동의한다는 말이 아니라, 상실경험자의 경험과 가치관을 인정하고 존중하며 함께 바라보는 것을 의미한다. 특히 상실의 고통을 겪고 있는 사람을 대상으로 하는 애도 위기개입의 경우, 서로 간의 신뢰를 위한 라포 형성이 더욱 중요하며 상실경험자의 시각으로 상실을 보기 위해서는 상실경험자를 존중하고 수용하는 자세가 필요하다. 위기개입자가 사별을 경험한 자신에게 관심을 가지고 있다고 생각할 때, 사별경험자는 위기개입자와의 관계에서 보다 협력적이며 긍정적인 변화가 가능해질 수 있다.

(2) 공감적 지지적 경청하기

상실경험자를 위한 개입에 있어서 위기개입전문가들에게 가장 유용한 기술이자 책무는 무엇보다도 상실경험자와 그 가족을 공감적, 지지적으로 경청하는 것이다(Rando, 1984). 공감적이고 지지적인 경청은 단순히 상실경험자의 말에 주의를 기울이는 것만을 의미하지 않는다. 상실경험자가 말하는 상실 경험의 의미를 이해하고 무조건적인 존중으로 상대방의 입장이 되어 의사소통을 하고 있다는 의미이기도 하다. 상실경험자의 말에 집중하고, 고개 끄덕거림, 확인 등과 같은 비언어적 반응과 “맞아요.”, “계속해 보세요.”, “그것에 대해 더 듣고 싶은데요?” 등과 같은 언어적 반응을 모두 포함한다.

특히 사랑하는 사람의 죽음을 상실경험자가 어떻게 이해하고 느끼는지를 받아들여 주고 존중하는 것이 중요하다. 상실경험자가 원한다면 상실에 대한 자신만의 고통스러운 경험을 이해하고 정리하기 위해 반복하여 자신이 겪은 일을 말하는 것이 필요하다. 또한 애도기간 동안 장례식, 이사, 경제적 문제 등 현실적인 일이 산적해 있을 가능성이 많으므로 위기개입자는 사별 직후 유가족의 주요 결정 과정을 도와주는 것이 좋다. 그러나 사별 이후 얼마 동안은 상실로 인한 심리적 고통으로 모든 결정에 감정이 많이 개입될 소지가 있기 때문에 가능하다면 중요한 결정은 조금 미뤄두게 하는 것이 필요하다.

(3) 일상적인 보살핌과 실질적인 도움 제공하기

유가족은 상실의 상황과 압도되는 감정으로 인해 어쩔 줄 몰라 하면서 무슨 도움을 어떻게 요청해야 할지 잘 모를 수 있다. 이러한 경우 다른 사람이 실질적인 것을 처리해 주는 것이 큰 도움이 된다. 우선 당장 필요한 음식 준비, 아이 돌보기, 전화 응답, 심부름, 기억 정리 돕기, 유족의 곁을 지켜줄 지인에게 연락하기 등이 할 수 있는 실질적인 도움이다. 실질적인 도움은 보살핌과 공감을 표현하는 수단이기도 하다. 그러나 상실경험자에게 실질적인 도움을 줄 때에는 그들이 요청하는 것을 들어주되, 적당한 선 이상의 상황 즉 상실경험자가 필요하다고 실제로 말하지 않은 것까지 책임을 지는 것은 피해야 한다.

(4) 지지 그룹으로의 동행

상실경험자에게 필요하다고 생각되면, 현실에서 차단되어 고립되지 않도록 지지 그룹에 갈 때 동행해 주는 것, 기념일, 휴일, 고인의 생일과 기일 등 유족에게 힘든 날에 관심을 기울이는 것이 시간이 갈수록 도움이 된다. 상실을 경험한 사람은 다른 사람들이 고인을 잊지 않고 소중히 생각하고 여전히 기억하고 있는 것을 알면 좋아한다.

(5) 주도적으로 고인 추모행사 조직

생전에 고인이 속해있던 그룹이나 지역사회가 고인을 기리는 기념식을 계획하고 조직하도록 도와주거나 편지, 시, 사진 등을 전시할 수 있는 게시판을 만드는 것도 좋은 방법이다. 애도와 지지의 글을 상실로 고통받는 사람들에게 보여주고 고인을 기념하여 나무나 꽃을 심고, 촛불을 켜거나 웹사이트를 만들어 기념하는 것도 좋다. 추모 행사는 유가족에게 고인을 추억할 기회를 제공하고, 고인을 보내야만 하는 필요를 상징적으로 나타내준다.

2) 애도위기개입자의 태도

애도위기개입자가 "개인적 상실과 관련된 성장을 경험하지 못한다면 사별을 통한 성장을 촉진할 수 없다(Schneider, 1984)."라는 말과 같이 위기개입자 자신의 상실 및 애도 후의 성장에서 얻은 경험과 지식은 힘의 원천이 된다. 따라서 상실로 인한 슬픔에 빠진 상실경험자들과 치료적 관계를 맺기 전에 상실, 애도에 대한 위기개입자의 개인적, 전문적인 태도를 반드시 가지고 있어야 하며 위기개입자의 애도 경험이 애도자들에게 투사되거나 강요되어서는 안 된다.

Rando(1984)는 위기개입자 자신의 애도와 애도에 대한 태도가 상실경험자에게 영향을 주지 않도록 해야 하는 이유를 다음과 같이 기술하였다.

(1) 상실경험자에 대한 정서적 투사

애도위기개입자가 상실경험자에게 어느 정도 정서적으로 투사하는 것은 정상적이고 필요한 과정이다. 그러나 죽음이 임박하거나 사별로 인한 상실경험자를 대상으로 한 개입에서 상실경험자에게 과도하게 투사하는 것은 위기개입자 자신을 소진시키고 간접외상을 일으킬 수 있다.

(2) 사별의 부담

애도위기개입자가 어떤 상실경험자와 특별한 유대를 갖는다면 상당히 많은 위험과 슬픔을 겪을 수 있다. 왜냐하면 상실경험자의 상실은 애도위기개입자에게 사별의 부담과 소진을 가져올 수 있기 때문이다. 그러나 애도위기개입자가 사별의 부담을 가지고 있는 동안, 그것을 인지하거나 도움을 얻기 위한 행동을 하거나 지치기 전에 자신을 위한 조치를 취한다면 사별의 부담을 경감시킬 수 있다.

(3) 역전이

때때로 애도위기개입자는 다른 사람의 상실에 관여하면서 자신의 삶에서 경험한 상실에 대한 감정, 생각, 기억, 환상을 일깨우는 역전이 현상을 경험하기도 한다. 역전이를 경험한 애도위기개입자는 다른 사람을 돕는 과정에서 자신의 역전이 감정으로 인해 많이 힘들어 할 수 있다. 애도위기개입자가 지속적으로 애도를 다루면서 생기는 정서적 부담을 감소시키고 위기개입자의 역전이를 올바로 다루기 위해서는 개인 상담, 동료 수퍼비전, 사례회의, 심리검사, 디브리핑집단(debriefing group) 등에 참여하여 교육분석을 받는 것이 필요하다.

(4) 정서적 보충

사별과 애도를 다루는 애도위기개입자는 자신의 정서적 욕구에 특별한 관심을 가져야 한다. 애도위기개입자는 신체적, 정서적, 심리적 안녕을 위한 지지체계가 필요하다. 또한 자신의 감정을 공유하기 위해 상담가와 정기적으로 만나야 하고, 다른 사람으로부터 강화를 받아야 한다. 상실경험자를 돕고 있다는 사명감만으로는 부족하다. 정서적 보충이란 내적으로 자신을 돌보고 의미 있는 다른 사람들(수퍼바이저, 친구, 가족, 동료 등)로부터 환경적 지원을 받고, 의미 있는 신체적, 정서적 활동에 참여하는 것이다.

(5) 자기 자신의 죽음에 직면하기

임종을 앞두거나 사별로 고통을 당하고 있는 상실경험자의 애도과정을 다루는 일을 할 때 중요한 점은 그런 일이 애도위기개입자에게 죽음에 대한 존재론적 불안을 경험하게 한다는 것이다. 이러한 경험에 적절하게 대처하기 위해서는 지지집단, 수퍼비전, 내부 교육, 영적 성장 활동 등을 통해 도움을 받아야 한다.

(6) 힘에 대한 생각

다른 사람과 마찬가지로 애도위기개입자도 힘과 통제에 대한 생각을 가져야 한다. 죽음, 슬픔, 사별을 경험하고 있는 상실경험자를 대상으로 한 개입에서 애도위기개입자는 계속해서 상실경험자의 상실을 간접적으로 확인하게 된다. 이러한 확인을 하면서 애도위기개입자의 입장에서 힘과 통제를 상실했다는 생각을 갖게 되기도 하는데, 이러한 힘의 상실을 예방하기 위해서는 역전이를 다루는 전략을 적용할 수 있다.

(7) 구조하려는 경향

상실을 경험하거나 그로 인해 고통받고 있는 사람을 구조한다는 것은 돌이킬 수 없는 상실의 본질을 부인하는 것이기 때문에 애도위기개입자는 상실경험자를 구조한다는 환상을 버려야 한다.

상실로 인해 고통받는 사람과 함께 하는 애도위기개입자는 2차적 외상 노출에 취약하다. 그러나 다른 사람의 슬픔을 지속적으로 다루기 위해서는 상실, 사별, 슬픔의 경험에 민감하고, 지지적이고 공감적이어야 한다. 자신의 감정 대신에 타인의 감정을 경험할 수밖에 없는 애도위기개입자는 다른 사람의 감정과 생활사건에 깊이 흡수될 때 그들 내부 세계를 간접적으로 경험하는 것이다. 애도위기개입자가 다른 사람의 고통과 슬픔뿐 아니라 비극을 자신의 것으로 만드는 역전이로 인해 2차적 외상을 경험하게 되는데 아래의 7가지 방법은 2차적 외상 예방에도 도움이 될 것이다.

| 애도의 핵심적 과정(Rando, 1993)

- 상실을 인식하고 죽음을 인정하라.
- 고통을 경험함으로써 이별에 대해 행동하라.

- 상실에 대한 모든 심리적 반응을 느끼고 인정하고, 어떤 형태로든 표현하라.
- 상실한 대상과의 관계를 회상하고 다시 경험해보라.
  (좋았던 것과 좋지 않았던 것 모두를 회상하고 다시 경험해보라.)
- 고인과의 오래된 애착과 가상의 세계를 버려라.
- 오래된 것을 기억하면서 새로운 세계에 적응하라. 가상의 세계를 수정하라.
- 새로운 관계, 신념, 동기, 목표, 추구하는 것들에 재투자하라.

3) 애도위기개입자가 명심할 사항들

설명이 항상 도움이 되는 것은 아니다 !!!

가까운 사람을 상실한 아이와 이야기할 때, 다음과 같은 설명은 하지 않도록 조심해야 한다.

(1) "할머니는 하늘나라에서 평화로이 주무시고 계시고 영원히 깨지 않으실 거야."
- 이런 말을 듣는 아이들은 침대에 가거나 잠드는 것을 무서워하게 될 수 있다.

(2) "아빠가 잠시 떠나 계시지만 곧 돌아오실 거야."
- 아빠가 결국 돌아오지 않음을 결국에는 깨닫게 되고 화를 내며 이유를 궁금해 하게 된다.

(3) "너무 착한 분이라 신이 일찍 데려 가신 거야."
- 신이 착한 사람은 일찍 데려간다는 사실 때문에 걱정스러워 할 수 있다.

(4) "신의 뜻에 따라 일어난 일이야."
- 왜 신이 나쁜 일이 일어나기를 원하는지 의아해 하게 된다.

(5) “하늘이 벌을 준 거야.”

- 신을 무서워하고 무엇인가 잘못을 할 때마다 극도로 불안해 할 수 있다.

(6) “언니는 아파서 병원에 갔기 때문에 죽었어.”

- 아플 때마다 걱정하고, 특히 다른 사람이 자신을 병원으로 데려간 경우에는 더욱 걱정할 수 있다.

애도 위험성평가 및 분류

1. 직접적 평가

상실에 적응하는 과정에서 상실경험자를 도울 수 있는 최적의 개입 방법으로는 수없이 많은 방법이 있다. 인구통계학적 방법이 사용되고, 상실경험자의 과거와 현재 경험 – 특히 상실경험과 관련된 것들 – 과 관련된 질문들이 포함된다. 예를 들면 상실경험자들의 다양한 상실경험들, 꼭 죽음과 관련이 있을 필요는 없지만, 그 상실이라고 인식되는 경험자체가 평가와 연관이 있을 수 있다. 평가를 위한 방법에는 투사적 방법, 표준화된 측정법, 혹은 자기보고를 사용하는 것이 포함된다. 여기에서는 상실 후, 그리고 애도(Grief) 이후 삶에 적응 수준을 알아보기 위해 두 가지 형태의 평가, 즉 TTMoB(The Two–Track Model of Bereavement: Rubin, 1981, 1999)와 인지적 평가를 기반으로 하여 설명하고자 한다. 각각의 평가는 사별에 대한 구체적인 관점을 제공하고 애도위기개입을 계획하고 적용하는 데 필요한 폭넓은 관점을 제공한다.

1) TTMoB를 기반으로 한 평가

심리평가는 임상전문가 또는 평가에 대한 전문성을 갖추기 위한 교육과정을 이수하고 훈련을 받은 전문가들에 의해 실시되어야 한다. 다음에 제시된 평가 기록지는 면담 중에 활용할 수 있도록 평가 시 확인해야 할 주요한 사항들을 포함하고 있다.

평가지 양식은 TTMoB(The Two－Track Model of Bereavement)의 틀을 활용하여 크게 다섯 부분으로 구성하였다. TTMoB(The Two－Track Model of Bereavement)는 두 가지 주요접근방법으로부터 아이디어를 도출하여 하나의 통일된 개념 체제로 통합시켰다(Malkinson, 2007). 첫 번째 접근은 스트레스와 정신적 외상 개념(일반적인 기능의 첫 번째 트랙)에 기초한 것이며, 두 번째 접근은 관계－애착 관점(고인과의 관계의 두 번째 트랙)에 기초한 것이다. 각각의 트랙은 10가지 요소들로 구성되어 있으며, 사랑하는 사람을 잃은 후 자신의 삶을 재편성하는 과정의 일부분으로 인식될 수 있는 요소들을 포함한다. 이러한 요소들은 경험적 적용에 더하여 두 가지 트랙 안의 요소들로 평가될 수 있다. 구체적인 평가기록지의 구성요소는 다음과 같다.

첫 번째 부분은 상실경험자와 면담자의 신상 정보가 기록된다. 이를 위해서는 상실경험자와 연락할 수 있도록 연락처를 확보해 두는 것이 필요하다. 또한 경우에 따라 상실경험자를 다른 전문기관으로 의뢰하는 경우가 있을 수 있기 때문에, 평가자의 이름과 연락처를 기록해 두는 것이 위기개입자들의 협조체제를 형성하는 데 도움이 된다.

두 번째 부분은 상실경험자들의 상실에 대한 반응 평가이다. 첫 번째 트랙은 생물·심리·사회적 기능으로 심리적 증상(불안, 우울 등), 신체적 염려, 가족관계, 자존감, 일과 관련되고 두 번째 트랙은 고인과의 관계로 심상, 기억, 고인에 대한 긍정적 및 부정적 정서, 상실에 사로잡힘, 이상화, 갈등, 애착 문제들, 추모 활동에 관한 것으로 평가내용에 따라 개입을 다르게 하여야 한다. 애도에만 나타나는 고유한 질병과 어려움들은 주로 이 두 번째 트랙을 방치하면서 발생한다.

세 번째 부분은 첫 번째 트랙과 두 번째 트랙 중 어느 쪽에 더 치우쳐 있는지 표시를 하고 간략하게 내용을 적는다. 네 번째는 위 내용을 통해 어떻게 개입을 할지 계획을 세운다. 다섯 번째는 결과에 대해 기록한다.

다음 두 사례를 통해 두 가지 트랙 또는 두 가지 측면의 견해가 어떻게 임상평가의 초기 단계에 적용되는지를 설명하고자 한다.

사례 1

- 김○○은 성인이 된 두 딸을 둔 50대 주부로, 1년 전에 아주 끔찍한 사고로 남편을 잃었다. 동창모임 참석차 강릉에 갔던 남편이 밤늦게 돌아오는 길에 음주운전을 한 트럭 운전사와 정면충돌해 남편이 그 자리에서 즉사하였다.
- 사고 전날 밤, 남편과 주말도 아닌 평일에 먼 지방까지 친구들 모임에 참석해야 되겠냐며 말싸움을 벌였다. 아내는 그렇지 않아도 요즘 부쩍 피곤해 하는 남편의 장거리 밤 운전이 너무 걱정돼 친구 모임에 가는 걸 원치 않았지만, 남편이 친구들을 너무 만나고 싶어 해서 끝까지 말리지 못했다. 결국 "그렇게 걱정되면 같이 가자." 라고 하는 남편의 제안을 거절하고 너무 늦지 않게 오겠다는 약속과 함께 남편을 혼자 보냈다. 모임이 끝난 후 서울로 출발하기 전, 자신에게 전화했던 남편이 새벽까지 오지 않자 뭔가 불길한 일이 일어났음을 직감적으로 느꼈다. 아니나 다를까, 불안한 마음으로 남편을 기다리는데 휴대폰이 울리고 경찰이 남편의 이름을 확인했고 남편이 참혹하게 교통사고를 당했다는 사실을 알렸다.
- 자신이 사고당한 것처럼 충격을 받았고, 가슴에 통증을 느꼈으며, 울고 싶었으나 그럴 수조차 없었다. 잘 수도, 먹을 수도 없었으며 모든 것을 포기하고 집에 있었다. 사고 당시 남편이 겪었을 고통을 생각하면 너무 슬프고 우울해 살고 싶지도 않다. 하루의 대부분을 절망감에 빠져 보내고 있으며, 특히 "모임에 가지 못하게 좀 더 강하게 말리지 못했던 것과 남편과 동행하지 못했다는 스스로를 향한 분노와 죄책감에 더 힘들다."라고 이야기하고 있다. 이러한 감정은 결혼한 후 30년을 넘게 같이 산 남편에 대한 그리움과 뒤섞여 있었다.

사례 2

- 이○○는 1년 전에 오토바이 사고로 21살의 아들을 잃었다. 원하는 대학 입학 후 입학선물로 사주었던 오토바이로 친구들과 고속도로 주행 중 사고를 당한 것이다. 아들이 죽었다는 것을 받아들일 수 없어 장례식도 치르기를 거부했지만, 남편의 계

속된 설득으로 겨우 장례를 마쳤다. 아들의 장례식을 어떻게 했는지 기억도 나지 않고 아들이 죽었는데도 아무 일 없었다는 듯이 예전처럼 살고 있는 남편과 딸을 보면 '어떻게 저럴 수 있을까?' 싶어 원망감도 들고 밉다. 아들이 죽은 후, 집안 분위기는 침울해졌고 기본적인 대화 외에는 서로 말을 하지 않는다. 유난히 자신에게 살갑던 아들이 보고 싶은 생각에 삶의 의미도 잃고 매일매일을 깊은 슬픔과 절망감에 빠져 지내고 있다.

- 문득문득 아들의 모습이 떠오를 때면, 너무 괴로워 괴성을 지르며 울기도 하고 잠을 자지 못하고 밥도 먹지 못한다. '내가 오토바이만 사주지만 않았더라면 아들이 죽지는 않았을 텐데…'라는 생각에 자신을 비난하고 자책하고 있으며, 걱정이 되어 찾아온 사람들과도 만나지 않고 피하고 있다. 일요일이면 남편과 함께 사이좋게 교회를 나가던 모습도 이제는 찾아볼 수 없다

위 두 사례는 사고로 인하여 배우자와 아들을 잃고 대인관계도 상실한 경우이다. TTMoB의 관점에서 접근하면 두 사례는 기능적인 트랙(불안, 우울감)과 관계적인 트랙(체념, 그리움)의 두 가지 요소를 가지고 있다. 분명히 치료 과정에서 두 가지 요소가 언급될 필요가 있다. 그러나 앞의 두 사례에서 각각의 사례를 설명하는 요소의 중요도에는 차이가 있다.

첫 번째 사례에서는 정신적 충격 요소(첫 번째 트랙의 기능)가 좀 더 언급된 반면, 두 번째 사례는 고인과의 관계(두 번째 트랙의 기능)에 좀 더 중점을 두고 있다. 이 사례들의 초점의 차이는 어떠한 개입을 적용해야 할지를 결정하는 데 있어 중요하다. 우리가 사용하는 방법에 따르면, 김○○은 치료의 초기 단계에서 정신적 충격에 중점을 두어야 한다고 생각한다. 반면 이○○의 경우는 주로 두 번째 트랙과 관련된 것이고 따라서 개입의 초기 단계에서 고인과의 관계에 중점을 두어야 한다. 이 두 사례는 사별을 경험했을 경우 다루어야 하는 영역으로서 개인적인 기능과 고인과의 관계(특히, 후자의 중요성을 강조하며)가 중요한 영역이라는 것을 명확하게 보여 준다.

비록 임상적으로 두 가지 영역이 평가되고 언급되어야 하지만, 개입의 초기 단계에서 어떤 것에 중점을 두어야 하는지의 결정은 유가족의 서술 내용에 달려 있다. 때때로 정신적 외상이 너무 커서 유가족이 고인과의 관계에 접근하는 시점이 지연될 수 있다. 고인에 대해서 이야기하는 것을 기피하거

나 금지되어야 하는 듯이 보일 때도 있고 어려움을 내포할 수도 있다. 초기 단계에서 관계라는 영역에 대한 기피는 개입유형의 판단에 이용되어야 하며, 개입 계획의 일부분으로 포함되어야 한다. 이러한 것은, 어떻게 처음 치료를 시작하는지 결정할 때, 무엇이 초기 이야기로부터 생략되거나 지워졌는지 뿐만이 아니라 무엇이 언급되고 있는지에 대해 주의 깊게 판단해야 한다 (Kubany & Menke, 1995).

위에 제시한 두 사례는 위기개입전문가들이 판단을 하는 데 있어 다방면의 관점이 필요하다는 것과 함께 이러한 평가에 있어 각 요소의 중요성과 그 요소들의 상대적 중요성을 언급해야 함을 보여 준다. 또한 모델에서 제시하는 두 가지 트랙을 유연하고 효과적인 방법으로 균형 있게 활용하는 이 모델의 사용을 극대화하는 방법임을 보여주고 있다.

2) 인지적 평가

인지적 평가는 삶의 상황에서 개인이 무엇을 생각하고 어떤 의미부여를 하는지를 고려한다. 다시 말해서 인지적 평가는 어떻게 사람들이 그들의 삶에서 일어나는 사건에 대한 관점을 갖고, 구조화하며 구축하는가를 평가하기 위한 것이다. 상실로 인한 부정적인 사건들은 개인의 세계관을 뒤흔들어 놓을 것이며, 이로 인해 새로운 정보(스키마)가 계속 진행될 것이고, 결국 부분적으로 동화되며, 수용될 것이다.

인지적 평가를 시행하는 몇 가지 방법이 있다. Beck Depression Inventory II(BDI-II) 혹은 구조화된 면담과 같은 구조화된 질문들이 포함된다.

인지적 평가에는 사별자 대상의 개입을 위한 평가와 계획을 세우기 위해 창의적으로 수정 가능한 다양한 방법들을 적용하게 될 것이다. 합리적 정서행동치료(Rational Emotive Behavioral Therapy: REBT)에 의하면 복합애도(complicated grief)에 대한 개입은 창의적이고 수정 가능한 구성요소로 이루어져 있다. 만약 개인들이 역기능적 신념을 구축하려는 타고난 경향이 있다고 가정한다면, 그들에게 이러한 경향성을 파악하도록 돕고 고통을 중재하는 것 보다는 그들의 고통을 증가시키지 않기 위해 좀 더 현실적인 믿음으로 어떻게 수정하는지를 보여주는 것이 필요하다. 외상적 상실로 인해 개인의 세계관은 종종 산산조각이 나며, 과도하게 생각하려는 경향이 있다. 따라서 왜곡된 인지를 파악하고, 이야기의 조각난 요소들을 평가하는 것은 이야기의 재건과 효과적인 개입을 위해 필요하다. 또한 상실경험자 관점의 평가는 부정적 사건, 그 사람들의 믿음, 감정, 그리고 행동, 이야기의 구조, 그리고 상실경험자가 사용하는 개별적인 언어에 대한 구제적인 것을 포함한다(DiGiuseppe, 1991).

인지적 평가에서 평가의 다른 형식, 이야기를 주의 깊게 듣기, 그 언어 사용하기, 단어 선택, 비언어적 요소(한숨, 침묵, 표정, 행동, 눈물을 보일 때의 감정적 순간 혹은 눈물을 감추려하는 노력 등)들이 특히 중요하다. 이러한 것들은 인지, 감정과 관련된 것에 대한 탐색을 통해 구체화된다. 질문을 통한 탐색은 아래의 B－C 연관의 감정적 혹은 신체적 결과와 연결된 사고를 이끌어낼 수 있다.

| 관련 질문

- “제가 보기에 매우 힘들어 보이는데 당신 마음속에 어떤 생각들이 스쳐갔는지 궁금하네요?”
- “당신은 아들의 이름을 언급한 이후로 침묵을 지키시는데 어떤 생각을 하셨어요?”

A(사건) ----〉 B(비합리적 신념) -----〉 C(결과)

사별을 경험한 사람의 사고, 정서, 행동의 상호작용에 대한 가설을 형성하기 위해서(Beck, 1976; DiGiuseppe, 1991; Kavanagh, 1990) 위기개입자는 우선 활성화된 사건(A)에 대해 이야기하는 것을 구체화하도록 한다. 특히, 인지치료와 REBT에서 인지평가는 사고와 정서 사이의 관계에 대한 가설을 세우는 것에 초점을 맞춘다. 애도(grief) 사례에서 상세하게 활성화된 사건은 상실의 의미를 이해하기 위해 필요할 뿐 아니라 많은 사례들이 사별자들이 처음으로 말하게 되는 생각이며 감정을 분출하는 방법이다(Malkinson, 1993; Malkinson & Ellis, 2000).

위기개입자는 ABC라는 일련의 과정을 통해 죽음에 대한 사별자의 구체적인 관점을 끌어내어야 하고 사람들의 역기능적 신념들을 확인하기 위하여 개입과정에서 재평가할 수 있어야 한다. 일반적인 인구통계학적 정보를 수집하고 사람들의 자신과 타인, 세상에 대한 스키마와 가정을 강조해야 한다(Ellis & Bernard, 1985; DiGiuseppe, 1991; Dryden, 2002). 활성화된 사건에 대한 사별자들의 관점과 관련된 구체적인 평가(A)와, 구체적인 감정의 결과(C)인 사별자의 상실관련 비합리적 신념(B)의 확인은 개입자에게 도움이 될 수 있다(Malkinson, 1996). 그리고 그 사건은 또한 죽음에 대한 기능적이고 역기능적인 반응(B,C)을 위기개입자가 구분할 수 있도록 한다. 이러한 구별은 특히 급작스럽고, 부정적이고 압도되는 외상사건에 적절하다.

| 부정적 사건에 대한 역기능적 사고

- 그녀가 나에게 어떻게 이럴 수 있지?
- 그녀가 날 떠났다는 걸 용서할 수 없어.
- 이런 일이 나에게 일어날 수는 없어.
- 이건 일어날 수 없는 일이야.
- 내가 막을 수 있었어.

| 기능적이고 건강한 사고

- 너무 고통스럽기는 하지만, 그녀를 도울 수 있는 것은 다 했어.

또한 인지와 감정의 결과들을 평가하는 것은 구체적으로 죽음을 탐색하는 것이기 때문에 카타르시스적 효과를 가질 수 있다. '이야기'를 하는 것은 그 죽음에 대해 어떻게 느꼈는지에 대한 개인의 해석과 사별자에게 합리적 그리고 비합리적 사고를 표현하기 위한 기회를 제공하며, 사고 자체 혹은 자신, 타인 혹은 상실을 둘러싼 환경에 대한 생각을 포함하기 때문이다(Malkinson, 1996). 이것은 어떻게 상실을 말로 표현하였고 사별자들에게 어떤 구체적인 단어들이 의미가 있었거나 없었는지도 포함된다. 이러한 것들은 위기개입자가 대안적 해석을 제안하는 것과 사람들의 언어 스타일에 집중하는 것을 돕는다. grief 과정의 목적은 상실을 이해하고 사랑하는 사람이 없는 삶에 대한 죽음의 의미를 구축하며, 산산이 부서진 자신의 믿음을 재구축하는 이러한 의미를 통합하는 것이다. grief 과정은 실을 짜는 것과 유사하며, 각각의 실은 중요하다.

| 사별자 탐색: 우울

- 그는 나를 돌봐 준 유일한 사람이에요..
- 그녀는 내 삶의 전부였고, 그녀 없는 내 인생은 가치가 없어요.
- 난 지쳤어.

인지적 평가는 사별자 각각의 생각, 감정 그리고 행동을 포함한다. 종종 우리는 개입의 초점으로 관찰된 행동(회피)을 언급하지만, 회피는 여러 가지 생각들과 연관이 되어 있을 수 있다. 이러한 생각들은 정서적 결과에 따라서 합리적, 비합리적으로 평가될 것이다. 무엇이 개입과정을 결정할 행동적 혹은 신체적 결과 뒤에 숨어 있는 사고인가?

| 내담자 탐색

- 나는 무덤에 가는 걸 피한다. 왜냐하면 내가 무덤에 간다는 것은 그녀가 죽은 것이고, 그녀를 죽은 사람으로 생각한다는 것을 의미하기 때문이다.
- 그가 죽은 이후로 나는 그가 좋아하던 케이크를 굽지 않는다. 왜냐하면 그가 여기에 와서 케이크를 먹지 못할 것이라 생각하는 것은 너무나 가슴이 아프기 때문이다.
- 나는 남편의 옷들을 버리지 못하고 있다. 그이가 너무도 선명하게 떠오른다.

PTSD와 관련된 위험은 갑작스러운 죽음이나 폭력 후의 침투, 회피, 각성과 같은 증상들을 평가하는 동안 특별한 주의가 요구된다. 이러한 증상과 관련한 인지의 탐색은 상실과 관련된 것일 수 있다. grief 치료에서 이러한 증상들의 의미는 사람마다 다른 기능을 가지고 있으므로 주의 깊은 평가가 필요하다. 어떤 회피적 상실경험자들은 상실 사건의 구체화를 포함하기도 하지만 다른 경우에는 고인을 추억하는 것을 포함할 수 있다. 어떤 사람들은 고인의 방에 들어가는 것을 피하고, 어떤 사람들은 사진들, 어떤 음식, 음악 혹은 고인이 특별히 좋아했던 장소와 같은 것으로 추억한다. 상실의 마지막을 직면하는 것이 어렵고, 죽음에 대한 기억을 되살리는 것을 회피하려는 믿음 때문에 어떤 사람들은 상실에서 추억할 수 있는 환경들을 회피하기도 한다. 하지만 이러한 반응들은 상실경험자들에게는 일반적인 것이다. 또한 비슷한 이유로 묘지를 가는 것은 고인을 기억하는 방법으로 인식되기도 하지만 어떤 사람들은 이러한 행동이 애도(grief)의 고통을 증가시키는 것으로 인식되어져서 회피하기도 한다. 이러한 각각의 반응은 사별자들의 과거, 현재 그리고 잃어버린 미래를 나타내는 이야기의 한 부분으로서 평가될 필요가 있다.

| 내담자 탐색

- (과거) 그녀는 나에게 가장 가까운 사람이었어요.
- (현재) 나는 그녀를 하루 종일, 매일 생각해요.
- (미래) 만약 그가 살아있다면, 유명한 과학자가 되었을 거예요.

3) 이차적 증상 평가

이차적인 증상 평가는 지속적인 회피 혹은 침투에 대한 평가로 왜곡된 인지들에 의해 유지되는 관찰할 수 있는 반응들이다. 상실경험자의 눈으로 보면, 이러한 부분은 '맞는(right)' 평가(고인이 마치 살아있다고 생각하는 것)이지만, 감정적 고통은 증가하고, 다시 이야기(retelling) 하는 것을 못하게 할 수도 있다. 그러므로 이차적 증상을 평가하고 감정적 고통의 잠재적 증가에 대한 정보를 제공하는 것은 적응적 grief 과정에 필요하다. 아래의 예는 한 여성이 갑작스럽게 죽은 남편의 사진을 봤을 때 어떻게 불안을 경험하게 되는지를 묘사한 것이다.

| 내담자 탐색: 불안

- 머리로는 남편이 죽은 것을 알겠어요. 매주 묘지도 가고, 그에게 말도 시키지만, 집에 남편의 사진은 없어요. 주변에 남편의 사진을 두지 않고, 비디오도 보지 않아요, 왜냐하면 그것들은 남편이 여기 없고, 살아있지 않다는 걸 상기시키기 때문이죠. 이러한 방법은 내가 남편이 없다는 것으로 인한 끔찍한 고통을 피하는 길이에요.

2. 간접적 평가

상실로 인한 애도에 대한 적절한 개입을 위해 심리검사를 활용할 수 있다. 상실로 인한 스트레스나 적응 정도는 주변 환경, 과거 경험, 사회적 지지, 건강상태 등에 따라 달라지고 동시에 개입방법도 달라질 수 있기 때문에 다양한 심리검사를 통해서 사별자의 상태를 파악하는 것이 필요하다. 직접평가에서 파악한 내용과 심리검사를 통한 간접평가를 활용하여 상실경험자에게 필요한 전문적인 개입을 제공하는 것이 필요하다.

1) 심리검사의 활용

심리검사는 대상자의 심리적 특성들을 다양한 도구를 이용하여 측정하고 평가하는 절차이다. 심리평가는 심리검사를 통해서 얻어진 정보를 중심으로 하여 면담, 행동관찰, 개인력 등에서의 자료를 참조하여 대상자에 대해 종합적인 평가를 내리는 전문적인 과정이다. 심리검사 과정 자체는 평가과정일 뿐 아니라 치료 과정의 일부에 포함된다. 심리검사를 시행하고, 검사결과를 해석하고, 결과를 토대로 상실경험자에게 가장 적합한 개입방법을 제안하는 일련의 임무를 적절하게 수행하기 위해서는 심리평가에 대한 전문적 지식과 훈련을 거친 전문가에 의해 전 과정이 실시되어야 한다.

또다른 방법으로는 상실 경험 체크리스트를 사용하여 자신이 경험한 모든 상실 사건을 체크해봄으로써 애도 적응과정에서 어떻게 개입할지에 대한 단서를 찾는 것은 물론 그중에서 가장 충격적이었던 상실 경험을 중심으로 개입을 한다. 삶의 스트레스 경험 통합 척도, 사건 충격 척도 그리고 간이증상검사, 대인관계문제검사, 사회적 지지 척도의 경우는 점수가 높을수록 해당 척도가 측정하는 증상이 심각하다고 할 수 있다.

2) 측정도구 및 사용방법

(1) 상실 경험 체크리스트[2)]

Sofka(1997)가 개발한 상실 경험 체크리스트는 상실 경험을 크게 4개의 범주, 즉 죽음 관련 상실, 관계의 상실, 물리적 심리적 상실, 역사적 사건에 의한 상실로 나누었다. 최선재(2010)가 원 척도를 국내 연구에 적합하게 역사적 사건에 의한 상실을 제외한 세 가지 유형의 상실 경험으로 나누어 번안하여 제작하였다. 응답자들이 자신이 경험한 상실 경험을 기준으로 모든 상실 사건에 표시하도록 하였으며 사건의 경과 시간을 기록하는 것을 추가하여 상실 경험의 경과 시간을 보고자 하였다. 또한 가장 충격적이었던 상실 경험에 대해 추가적으로 간단히 기록하도록 하였다.

(2) 삶의 스트레스 경험 통합 척도[3)]

삶의 스트레스 경험 통합 척도(The Integration of Stressful Life Experiences Scale: ISLES, Holland, Currier, Coleman, Neimeyer, 2010)의 수렴타당도를 보기 위해 감각 만들기와 혜택 찾기 척도, CES, 세상 가정 척도(World Assumptions Scale), SF-36-일반건강, 간이증상진단검사-10(Symptom Check List-10-Revised), 복합 애도(Complicated Grief) 목록에서 추출한 16문항으로 구성되었다.

역채점 문항인 2번 항목을 제외하고, 모든 항목은 1(매우 동의)에서 5(전혀 동의하지 않음)로 평가한다. 모든 항목의 합은 ISLES 총 점수를 계산하는 데 사용된다. 또한, 1, 3, 5, 7, 9, 11, 12, 13, 14, 15, 16번 문항은 세상에 발을 들여놓음(the Footing in the world)척도로 합산하여 계산하고 2, 4, 6, 8, 10번 문

2) [별첨 1]
3) [별첨 2]

항은 이해할 수 있음(Comprehensibility) 척도로 합산하여 계산한다. 필요하면 지시문의 일부는 다른 집단에서도 측정이 가능하도록 바꿀 수 있다.

(3) 사건충격 척도4)

원래 사건충격 척도(IES: Impact of Events Scale)는 Horowitz, Wilner & Alvarez(1979)가 스트레스 경험 후 충격과 적응 과정을 연구하기 위해 개발한 척도로서 외상 경험연구에 광범위하게 사용된다. '침투'와 '회피' 하위척도를 포함하는 4점 척도로 총 15문항으로 구성되어 있었다. Weiss와 Marmar(1997)가 IES에 '과각성'척도를 첨가 및 보완하여 침투 7문항, 회피 8문항, 과각성 7문항의 IES–R로 재구성하였다. 총 22문항의 5점 척도의 IES–R을 은헌정, 권태완, 이선미, 김태형, 최말례, 조수진(2005)이 우리말로 번안하고 타당도와 신뢰도를 검증한 한국판 사건충격 척도 개정판(IES–R–K: Impact of Event Scale–Revised)을 주로 사용한다. Weise와 Marmar(1997)의 연구에서 신뢰도계수(cronbach α)는 .79로 이었고, 국내 연구에서의 신뢰도계수(cronbach α)는 .92로 나타났고, 하위척도별로 침투 .82, 회피 .80, 과각성 .83이었다.

(4) 간이증상도구5)

간이증상도구(Brief Symptom Inventory–18)를 사용하여 심리적 적응을 측정한다. 이 도구는 18개의 문항으로 구성된 척도로, 의료적 문제를 가지고 있거나 지역사회에 거주하는 일반 성인들의 심리적 스트레스를 측정하기 위해 사용되어 왔다(Derogatis, 2000). SCL–90–R(Derogatis, 1993)의 단축형인 BSI–18은 세 개의 하위척도(우울, 불안, 신체화)로 구성되고 총점을 통해 전반적인 심리적 건강수준(Global Severity Index)을 알 수 있다. 응답자는 검사 당일을 포함하여 지난 7일 동안 경험한 증상의 정도에 따라 심리적 상태를 5점 척도상에 응답하게 된다. 임정원 외(2008)의 연구에서 신뢰도계수(cronbach α)는 .93이었다. 최선재(2010) 연구에서는 전체 신뢰도계수는 .93, 하위척도별

---

4) [별첨 3]
5) [별첨 4]

로 우울 .86, 불안 .84, 신체화 .83으로 나타났다.

(5) 한국형 대인관계문제검사 단축형(KIIP-SC; Short form of the KII Circumplex scales) 검사

대인관계문제의 정도를 측정하기 위하여 홍상황, 박은영, 김영환, 권정혜, 조용래, 진유경(2002)이 표준화한 한국형 대인관계문제 검사의 단축형 검사를 사용하였다. 김영환, 진유경, 조용래, 권정혜, 홍상황, 박은영(2002)은 Alden, Wiggins & Pincus(1990)이 개발한 원형척도(IIP-C; IIP-Circumplex Scale)를 한국판 대인관계문제검사 원형척도(KIIP-C)로 구성하였으며 홍상황 등(2002)이 이를 기준으로 단축형을 개발하였다.

척도 구성은 통제지배(PA), 자기중심성(BC), 냉담(DE), 사회적 억제(FG), 비주장성(HI), 과순응성(JK), 자기희생(LM), 과관여(NO)의 8가지 하위요인으로 구성되어 있다. 설문형식은 1점 '전혀 아니다'에서 5점 '매우 그렇다'로 반응하도록 하는 5점 Likert 척도로 평정하며 하위요인별로 각 5문항씩 총 40문항으로 이루어져 있다. 총 점수는 최소 40점에서 최대 200점으로, 점수가 높을수록 대인관계에서 어려움을 느낀 정도가 많은 것을 의미하고, 신뢰도 계수(cronbach α)는 .61~89의 범위로 양호하였다.

(6) Beck 우울 척도(Beck Depression Inventory, BDI-II)[6)]

Beck, Streer & Brown(1996)이 개발한 BDI-Ⅱ를 김영식, 이임순, 이창선(2007)이 한국판 BDI-Ⅱ로 번안하였으며, 21개의 항목들로 구성되어 있다. 각각의 항목은 3점 척도로 평가하며 총 점수는 0점(우울 증상이 보고되지 않음)에서 63점(극도의 우울증상 보고)까지이다.

0-13점은 아주 적은 우울감을, 14-19점은 약간의 우울감, 20-28점은 중간정도의 우울감 그리고 29-63점은 심한 우울감을 의미한다. BDI-Ⅱ는 10분 이내에 우울증상을 자가보고 할 수 있도록 하는 명확하고 간결한 도구이다. BDI-Ⅱ는 지난 25년간 가장 널리 받아들여지고 사용된 우울평

6) [별첨 6]

가 도구 중 하나인 최초 BDI를 대신한다. 김영식 등(2007) 연구에서 신뢰도계수(cronbach α)는 .80이었다.

(7) 자살생각 척도 (Scale for Suicide Ideation, SSI)7)

SSI는 Beck, Kovacs와 Weissman(1979)이 개발한 척도로 원래 임상면접을 통해 임상가가 3점 척도로 평가하는 19문항의 검사지로 개발되었다. 그러나 많은 피험자들을 일일이 면담하는 것이 불가능하여 신민섭, 박광배, 오경자, 김중술(1990)이 기존 질문지 문항을 충실하게 자기 보고형 질문지를 변형하였다. SSI는 자살시도 전에 자살에 대한 심각성을 측정하는 도구로 자살에 대한 생각이 반드시 자살시도를 하게 하지는 않지만 이후에 발생할 자살행동에 대한 중요한 예언지표가 될 수 있다.

(8) 사회적 지지 척도8)

사회적 지지 척도는 박지원(1985)이 개발한 척도를 황윤경(1995)이 총 24문항, 5점 리커트 척도(1점: 전혀 아니다 ~ 5점: 아주 그렇다)로 수정하였다. 네 개의 하위 척도로 구성되어 있는데 정서적 지지(7문항)는 사랑, 공감적 경청, 신뢰, 격려, 이해 등에 관한 것이며, 평가적 지지(6문항)는 공정한 평가, 인격존중, 칭찬, 소질인정, 가치고양, 의사존중 등에 관한 것이고, 정보적 지지(6문항)는 문제해결, 의사결정, 적응, 위기 등의 상황에 관한 것, 물질적 지지(5문항)는 돈, 물건, 서비스 시간 등에 관한 것이다. 황윤경(1995)의 연구에서의 신뢰도계수(cronbach α)는 하위척도별로 정서적 지지 .93, 평가적지지 .93, 정보적 지지 .93, 물질적 지지 .92이었다.

---

7) [별첨 7]

8) [별첨 8]

3. 애도수준 분류

1) 급성단계 애도

갑작스럽고 정신적 충격이 심한 사별을 경험한 사람들은 급성단계에서 강렬한 슬픔과 울기, 익숙하지 않은 저하된 기분, 고인에 대한 몰두된 생각, 기능의 저하, 집중력 저하, 다른 사람과 일상에 대한 무관심을 보일 수 있다. Lindemann(1944)은 급성애도를 강렬한 신체 불편감, 고인에 대한 몰두, 고인에 대한 죄책감, 분노, 안절부절, 초조, 일상생활의 어려움, 고인과의 동일시 현상 등으로 설명하였다. 애도의 급성단계는 인구통계학적 평가(이전 상실들 그리고 어떻게 그 상실들을 인식하거나 애도하였는지), TTMoB를 기반으로 한 평가(고인에 대한 질문과 기능을 포함하는 질문들－Track II), 이야기를 기초로 한 인지적 평가, 그리고 어떻게 그 관계를 표현하고, 그 죽음의 상황에 대하여 어떻게 사고하고 느끼는지를 통해서 애도수준을 분류한다. Track I 요소로는 일할 때 기능적 어려움인 불안, 수면의 어려움, 고인을 상기시키는 것들로부터의 회피 등의 기능적 어려움의 증상이 있거나 Track II의 관계적 요소인 고인과의 사별 경험의 내적 관계의 강도가 높고 지속되는 경우, 역기능적인 급성애도를 경험하거나 비합리적 사고들("나는 울어서는 안 돼, 왜냐하면 내가 울면 나는 약한 사람이다." "나는 강해지고 통제적이어야 해.")이 확인될 경우 급성단계로 분류하여 단기적이고 초점화된 개입을 한다. 적절한 개입은 급성단계 동안 상실의 과정에 영향을 미치는 예방조치로서 중요하다.

다음과 같은 경우라면 급성단계일 수 있다.

- 이전의 상실 경험이 있는 경우
- 끔찍한 사고로 인한 죽음으로 시신을 직접 본 경우
- 상실의 고통으로 인해 급성 스트레스와 불안 증상을 보일 경우
- 지연된 애도의 경우
- 역기능적 신념으로 인해 고인과 관련된 것들로부터 회피하거나 호흡곤

란이나 심장이 두근거림 등의 증상을 보이는 경우

급성단계의 개입 목표는 다음과 같이 세울 수 있다.

- 역기능적, 비합리적 신념과 감정, 행동, 그리고 신체적 증상들을 확인하고 평가한다.
- 적응적인 인지, 정서, 행동, 생리적 애도 반응을 교육하고 훈련한다.
- 고인과의 유대감을 지속하기 위한 방법을 찾는다(추억, 유품, 기념일 등).

2) 복합 애도

상실경험자의 우울증은 중요한 상실과 함께 시작되는 경우가 많다. 그러나 어떤 경우에는 현재의 우울과 이전의 상실 사이의 관계가 간접적일 수도 있다. 상실경험자의 대인관계를 살펴볼 때, 상실경험자에게 중요했던 사망한 사람들에 대한 과거력과 관련된 정보를 얻는 것은 이러한 측면에서 중요하다. 상실경험자의 과거력을 탐색할 때는 죽음과 관련된 상황과 이에 대한 상실경험자의 행동 및 정서적 반응까지 포함해야 한다. 복합 애도의 과정인지를 파악하기 위해서 표 2에 제시된 내용들을 질문해봄으로써 확인을 할 수 있다(Weissman, Markowitz & Klerman, 2011).

| 표 2 | 복합 애도의 증거

반복적인 상실 경험을 가지고 있다.
▪ 죽음이 발생했을 때 당신 주변에 무슨 일들이 일어났나요? ▪ 누가 죽었고 남겨진 사람은 누구인가요? ▪ 그 일과 관련해서 어떤 기억을 지금도 가지고 있나요? ▪ 유사한 방식으로 죽은 사람이 있거나 그 죽음 이후 당시의 환경과 비슷한 상황을 경험해 본 적이 있나요?
사별기간 내의 부적절한 애도 증상을 보인다.
▪ 죽음 이후 몇 달 동안 당신은 어떻게 지냈나요? ▪ 잠은 잘 잤나요? ▪ 일상적인 업무는 잘 수행했나요? ▪ 울음이 나오지 않던가요?

죽음에 대한 회피행동을 보인다.
▪ 장례식에는 갔었나요? ▪ 묘소에 참배는 했었나요?
의미 있는 날짜를 전후하여 나타내는 증상들이 있다.
▪ 그 사람이 죽은 때는 언제인가요? ▪ 죽음이 일어날 즈음에 당신에게 어떤 문제들이 발생했나요?
죽음을 야기할 정도로 병에 대한 공포가 있다.
▪ 죽음의 원인이 무엇이었나요? ▪ 증상은 어떠했나요? ▪ 당신도 똑같은 병에 걸릴까봐 두려운가요?
사랑하는 사람이 죽었을 때의 환경을 그대로 유지하고 있다.
▪ 돌아가신 분의 유품이 있나요? ▪ 방을 그대로 유지하고 있나요? ▪ 돌아가신 분의 유품들이 처음 그대로 남아있나요?
사별기간 동안 가족 또는 다른 사회적 지지가 거의 없다.
▪ 죽음 당시에 누구에게 의지했나요? ▪ 누가 당신을 도와주었나요? ▪ 누구에게로 관심을 돌렸나요? ▪ 누구를 가장 믿고 따랐나요?

또한, 해결되지 못한 애도(grief) 반응의 단서들[9])을 애도 수준을 분류하는 데 참고할 수 있다. 이러한 단서들을 모두 나타내는 상실경험자들은 상대적으로 매우 적을 수 있다. 그러나 상실경험자들은 우리가 생각하는 것보다 더 자주 이러한 증상들을 경험할 수 있으며 위기개입자는 자신이 상담하고 있는 상실경험자들이 이러한 행동을 보일 때 놀라지 않도록 차분하게 미리 준비할 필요가 있다(Worden, 2010).

또한 복합애도에 대한 진단적 단서들을 고려하여 보수적이고 신중하며 실제적인 접근이 이루어져야 한다.

3) 복합 애도에 대한 상실 전 위험 요인 체크리스트[10])

상실 이후에 뒤따르는 복합적이거나 강렬한 애도 수준을 평가하기 위해

9) I 장 3항 참조
10) Neimeyer & Burke. 2012년

개인 혹은 가족의 특성, 죽음 그 자체 그리고 치료맥락을 알기 위해 다음 사항을 체크해본다.

| 배경 요인

- 죽어가는 사람과의 가까운 관계(특히, 배우자나 자녀 상실)
- 여성(특히, 엄마)
- 소수 민족(미국의 경우)
- 불안정 애착 유형
- 상실 전 높은 결혼 의존도

| 죽음-관련 요인들

- 사별의 과부화(짧은 기간에 연달아 상실을 겪음)
- 죽음을 기다리는 동안(pending death) 나타내는 죽음에 대한 낮은 수용 정도
- 잔인한 죽음(자살, 살해, 사고)
- 잔인한 죽음을 당한 사랑하는 사람의 시신을 발견하거나 본 경우
- 병원에서의 죽음(집에서의 죽음과의 상대적으로)
- 부고를 알리는 방식에 대한 불만스러움

| 치료-관련 요인들

- 적극적이고 심화된 의료 개입(예: 중환자실, 인공호흡기, 인공심폐술)
- 어떤 치료를 받을지에 대한 불확실성(모호함)
- 치료와 관련된 가족들의 갈등
- 치료로 발생한 경제적인 어려움
- 보호자의 부담

한편, 복합애도의 위험요인으로는 갑작스러운 또는 예기치 않은 외상적 상실, 대인관계 갈등, 우울증 이력, 불안장애 가족력, 상실로부터의 회복 불능감 등이 보고되고 있다(Melbem, Day, Shear, Day, Reynolds, & Brent, 2004; Niemeyer & Burnett, 2001).

애도위기개입

일반적으로 애도 치료(grief therapy)의 목적은 이론적 배경과는 상관없이 상실을 일반화하고, 정상화하며, 애도(grief)의 과정, 구성요소, 예측할 수 있는 결과들에 대한 정보를 상실경험자에게 제공하는 것과 평생 동안 변화해 가는 애도(grief)의 적응적 과정을 촉진하는 것이다.

1. 위기개입 모델(SAFER-R MODEL)[11]

1) S: 안정화(stabilize)

(1) 자기소개

"안녕하세요. 저는 ○○센터에서 일하는 △△입니다. 오시는 데 힘들지는 않으셨어요? 오늘 □□ 씨의 이야기를 듣고 도움이 되어드렸으면 합니다. 제가 도와드릴 수 있는 부분이 있다면 도와드리고 싶습니다."

11) Everly, 1995

(2) 비밀보장, 과정소개

"오늘 저하고 나누는 이야기에 대해서는 비밀을 보장합니다. 다만, □□ 씨를 보호하는 차원에서 자살과 타인을 해치는 것 혹은 법에 위배되는 것과 관련된 것은 비밀을 보장해 드릴 수 없습니다."

"저와 이야기를 나누면서 무엇이 필요한지 어떤 것이 도움이 될지 함께 찾아보도록 하지요. 제가 옆에서 돕겠습니다. □□ 씨의 이야기를 해 주실 수 있을까요?"

따뜻한 차를 마시게 하는 것도 도움이 될 수 있다.

(3) 라포 형성

반영적 경청, 공감적 이해를 통해 형성되는 치료적 관계(라포)는 애도위기개입자와 상실을 겪은 상실경험자가 상실경험자의 세계 안에서 온전히 만나는 것을 의미한다. 라포를 형성한다는 것은 위기개입자가 상실경험자의 경험과 세계관에 무조건 동의하고 동감한다는 말이 아니라 상실경험자의 경험과 가치관을 있는 그대로 인정하고 존중하며 함께 바라본다는 것을 의미한다. 특히 압도적인 상실의 고통을 겪고 있는 애도 상담의 경우, 서로 간의 신뢰를 위한 라포 형성이 매우 중요하며 개인의 독특한 상실경험을 상실경험자의 시각 속에서 보기 위해서는 상실경험자를 존중하고 수용하는 자세가 절대적으로 필요하다. 전문적인 애도위기개입자가 자신의 말을 경청하고 공감하며 관심을 가지고 있다고 생각할 때, 상실경험자와의 치료관계에서 보다 협력적이며 긍정적인 변화를 도출해낼 수 있다.

2) A: 인정하기(acknowledge the crisis)

(1) 이야기하도록 격려하기

■ 위기에 처한 사람들의 이야기를 편안하게 할 수 있도록 격려하고 그 사람이 어떻게 느끼는지 구체적으로 들어주고 공감적 반영을 해준다. "무슨

일이 있었는지 제게 말씀해 주실 수 있으세요? 어떤 이야기를 하고 싶으세요. 언제든지 힘이 들거나 불편하시면 말씀하세요. 쉬었다 하셔도 됩니다."

- "가버렸다."거나 "천국에 갔다."거나 하는 죽음을 부정하고 부드럽게 하는 비유적 표현이 아닌 "죽음"이라는 단어를 직접적으로 사용함으로써 무엇이 일어났는지를 분명히 인식하게 한다(Cable, 1996). 상실경험자들은 상실의 고통스러운 측면을 다루는 것을 배워야 하며, 위기개입자는 추측해서 말하는 친절하고 부드러운 단어를 피해야 한다.

(2) 위험평가

상실경험자들은 다양한 상실 경험과 관련이 있는데 그것이 꼭 죽음과 관련이 있을 필요는 없지만 그 사건을 상실이라고 인식되는 경험자체가 평가하는 데 관련이 있다. 직접평가로써 자기보고를 할 수 있으며, 자기보고를 통해서 구체적인 관점을 파악함으로써 위기개입자는 어떻게 개입할 것인지를 구분할 수 있다.

- 구체적으로 죽음을 탐색
- 죽음에 대하여 사별자가 어떻게 느끼고, 어떻게 해석하는지를 파악
- 합리적, 비합리적 사고를 표현하기 위한 기회를 제공

(3) 가장 힘든 것, 가장 원하는 것 탐색

"현재 가장 힘드신 건 무엇인가요?", "현재 어떤 점이 □□ 씨를 가장 힘들게 하나요?", "지금 경험하시는 것들 중 어떤 게 가장 힘드세요?", "~가 가장 힘들다고 하셨는데, 좀 더 자세히 이야기해 주시겠어요?"

"현재 어떤 게 해결된다면 심적 고통이 감소될 것 같으세요?", "현재 가장 원하는 게 무엇인가요?", "~해서 그렇게 힘들다고 생각하셨나봐요. 제가 이해한 게 맞나요?", "그러시다면 만약 어떤 게 해결되면 지금보다 조금이라도 나아질 것 같으세요?"

(4) 애도 관련 정서·인지·행동 반응 탐색

사람마다 스트레스 상황에 대한 반응은 개별적이다. 애도위기개입자는 스트레스로 인한 정서적·인지적·행동적 반응은 개인마다 다양하게 나타난다는 것을 애도위기에 처한 사람에게 이해시키는 것이 필요하다. 대부분의 사람들은 그 반응들이 스트레스 반응인지 지각하지 못하는 경우가 많으며, 당황스러워하고 자신이 미쳐 가고 있다고 생각할 수 있기 때문이다. 스스로 자신의 반응을 탐색해 볼 수 있도록 하며, 그 반응들을 이해할 수 있도록 돕는다.

"현재 경험하시는 반응들(인지적·정서적·행동적)은 이상한 것이 아니라 자연스러운 것일 수 있어요. 좀 더 구체적으로 그 반응들에 대해서 이야기해 주시겠어요? 최근에 경험하고 계시는 것 중에 가장 힘든 게 어떤 거세요? 예를 들면, 불편한 생각들이 문득문득 난다거나, 예전에는 그렇지 않았는데 갑자기 슬퍼진다거나 화가 난다거나 아니면 음주량이 통제가 안 될 정도로 증가했다든지."

3) F: 이해 촉진하기(facilitate understanding)

(1) 정상화하기

이 단계는 기능적이고 건강한 그리고 외상적이거나 비극적 상실의 일반화된 부분인 부정적인 고통과 슬픔을 정상화하는 단계이다. 단기적이고 초점화된 개입은 애도과정 동안 감정의 홍수로 인해 미쳐가고 있다는 생각으로 인해 고통스러운 것과 관련된 정서적 고통을 감소시키기에 충분하다. 고통은 죽음이라는 사실을 이해하고 재인식하는 감정적 표현이다. 또한 고인에 관한 오래된 믿음을 포기하는 과정이고 고통과 슬픔이 없는 것이 가능하지 않다는 새로운 현실에 기초하여 새로운 적응을 하는 것이다.

역기능적이고 급성이며 지연된 애도 동안에는 고통과 관련된 이차적 증상(예: 스트레스, 불안 등)들이 비합리적 신념으로부터 생겨날 수 있다. "죽음 자체가 매우 슬픈 것이니까, 고통스러워 해서는 안 돼." 혹은 "내가 이 고통을 통제할 수 없으면 난 미칠 것이다." 그들이 엄청난 고통을 당해야 한다고 자기 자신에게 요구하며, 특히 고인이 잊혀질까봐 자신을 자책할 때도 있다. 사람들이 고통을 회피하려 하고 즐거움을 증대하려는 탐색은 죽음과 같은 심각한 외상적 사건을 경험할 때 방해받는다(Ellis, 1962, 1986; Epstein, 1993).

4) E: 효과적인 대처 권장하기(encourage effective coping)

(1) 자기수용

상실경험자의 자기비난을 자기수용(자신의 고통을 통제할 수 있어야 한다고 하는 자기요구에서 고통을 대처하는 자기 노력에 비판적 시각을 덜 할 수 있는)으로 변화하도록 돕는다. 상실경험자는 기능적이고 역기능적 신념의 차이와 그 결과들을 배운다. 또한 상실경험자의 '기능적'인 회피행동이 그들의 고통을 막아주지 않은 것은 물론이고 실제적으로 불행한 외적 사건들을 맞닥뜨릴 때마다, 그들의 통제감이 적다고 느낄 때마다, 고통이 더해졌다는 것을 깨닫게 한다.

(2) 고통의 경험

상실경험자의 불안발작을 극복하도록 고통이 불가피하고, 견딜 만하다고 그들 자신이 경험을 할 수 있도록 이끄는 것에 초점을 맞춘다. 개입 형태는 통제감을 증진시키고 인지적, 신체적으로 고통을 극복하도록 교육하는 것에 초점을 맞춘다.

(3) 대처방안

상실에 대처할 수 있는 대안적인 방법들과 고통을 견딜 수 있는 의미로 이끌 수 있는 방법을 찾는다.

(4) 고인과 유대감 지속

균형적인 방법으로 죽은 고인과의 유대감을 지속할 수 있는 방법을 발견하도록 돕는다.

5) R: 회복하기/의뢰하기(recover/referral)

상실을 경험한 경우 애도기간 동안 적절한 개입을 통해서 안정을 찾을 수 있도록 도와주어야 한다. 위기개입을 통해서 일시적인 안정감을 찾을 수는 있으나 상실경험자에 따라 다양한 기법을 활용하여 정상적으로 애도를 하도록 맞춤형 상담을 연계하여 관리를 하는 것이 필요하다. 위기의 순간을 넘겼다고 해도 지속적인 관심을 가지고 세심하게 보살펴야 할 필요성이 있기 때문에 상실경험자를 위한 지지시스템을 구축해 놓아야 한다.

상실을 경험한 사람들은 자신이 대처를 잘하지 못하고 있다고 인식하기 어려운 경우가 많으므로, 주위의 세심한 관심이 필요하다. 복합 애도로 가기 전에 건강하게 애도를 할 수 있도록 도움을 요청하거나 정보를 제공해 주는 것이 필요하다.

2. 애도위기개입의 실제

사례

- 박○○은 막내아들 사고로 인해 한 달간 휴가를 낸 상태였다. 이제 다음 주부터 복귀를 해야 하는데 일을 하기 힘든 상황이어서 ○○상담센터에 도움을 요청했다.
- 아들이 교통사고로 죽었어요. □□는 자식 셋 중에 막내였어요. 그 아이는 매우 예민하고 불안증세가 있었지만 제게는 세상에 하나밖에 없는 아들이었지요. 최근 지방의 고등학교에 들어가게 되면서 불안증세가 많이 나아졌어요. 그러면서 저와 가까워지기 시작했고 저도 아들과 함께 있는 시간을 즐기게 되었어요. 아들이 주말에 집에 오면 함께 많은 시간을 보냈어요. 저에겐 너무 행복한 시간이었어요. 그래서 더 고통스럽고 슬퍼요. 아들이 죽고, 저는 많이 울어요. 울음을 멈추고 싶은데, 멈출 수가 없어요. 저는 항상 강하고 이성적이었는데, 이런 내 자신의 모습을 보면 '내가 점점 약해지고 있구나.'라고 생각을 하게 돼요. 제 자신을 제 마음대로 통제할 수 없다는 게 참기 힘들어요. 남편은 아무 말 없이 오히려 지금의 상황을 정리하고 있어요.

※ SAFER-R MODEL 개입

1) S: 안정화

• 안녕하세요. 저는 ○○상담센터 위기개입자 △△입니다. 오늘 박○○ 씨의 이야기를 듣고 도움이 되어드렸으면 합니다. 박○○ 씨와 나누는 대화의 내용은 비밀을 보장합니다. 다만, 박○○ 씨를 보호하는 차원에서 자신과 타인을 해치는 것 혹은 법에 위배되는 것과 관련된 것은 비밀을 보장할 수 없습니다. 편안하게 말씀하세요. 저와 이야기를 나누면서 무엇이 필요한지, 어떤 것이 도움이 될지 함께 찾아보도록 하지요. 제가 옆에서 돕겠습니다.

- 애도위기개입자: 어떻게 오시게 됐는지 말씀해 주시겠어요?
- 상실경험자: 한 달 전에 막내 아들이 교통사고로 죽었어요.
- 애도위기개입자: 정말 힘든 일이 있으셨네요. 그때 상황을 좀 더 자세히 이야기해 주실 수 있으시겠어요? 이야기하시다가 힘들고 불편하시면 말씀하세요. 쉬었다 하셔도 됩니다.
- 상실경험자: □□이는 예민하고 불안증세가 있었지만 제게는 세상에 하나밖에 없는 아들이었지요. 최근에 지방 고등학교로 전학하면서부터 불안이 없어지고 저랑 친구처럼 지냈어요. 아들과 지내는 시간이 정말 즐거웠거든요(흐느낌).
- 애도위기개입자: (휴지를 건넨다) ……아들과 사이가 좋아졌을 때 아들의 죽음 소식을 듣게 되어 더욱 힘드셨겠어요. 지금 많이 힘드실 텐데 힘든 정도를 1~10이라고 하고 가장 힘든 상태가 10이라고 할 때 박○○ 씨의 힘든 정도는 어느 정도일까요?
- 상실경험자: ……이보다 더 힘든 일이 있을까요? 당연히 10이죠.
- 애도위기개입자: 그러시죠. 오늘 저와 이야기를 나누는 것이 그 힘든 것을 낮추는 데 도움이 되실 거예요.

2) A: 인정하기(acknowledge the crisis)

- 애도위기개입자: 아들 죽음 이후에 어떻게 지내셨는지 좀 더 자세히 말씀해 주시겠어요?
- 상실경험자: 장례를 치르고 주로 집에 있었는데, 한없이 눈물이 났어요. 멈출 수가 없어요. 제 마음대로 되질 않아요(눈물을 흘림).
- 애도위기개입자: 그러시죠. 박○○ 씨는 보물같은 아들을 잃었어요. 그런 감정과 슬픔을 경험하는 것은 자연스럽고 정상적인 반응이에요. ○○ 씨의 생각과 느낌을 말씀해 주시는 것이 도움이 되실 거예요. 그것이 오늘 저를 만나는 이유이기도 하지요.
- 상실경험자: ……그렇다는 걸 알기 때문에 더 힘들어요(흐느낌).

3) F: 이해 촉진하기(facilitate understanding)

- 애도위기개입자: 지금 좀 어떠세요.
- 상실경험자: 휴가가 끝나서 출근을 해야 하는데…… 자꾸 눈물이 나니까 제가 점점 약해지고 있는 것 같아요. 이처럼 나약한 내가 이해가 안 돼요.
- 애도위기개입자: 눈물이 나는 것은 자연스럽고 정상적인 반응이에요. 눈물을 흘린다고 해서 약한 건 아니에요.
- 상실경험자: 남편은 오히려 울지 않아요. 그래서 내가 우는 모습을 보이는 게 싫어요.
- 애도위기개입자: 남편이 울지 않는다고 해서 고통스럽지 않은 건 아닐 거예요. ○○ 씨와 같은 마음이지 않을까요……. 지금 현재 어떤 점이 가장 힘드신가요?
- 상실경험자: 오늘 주말인데 아들이 올 것만 같았어요. 하지만 오지 않았어요(눈물을 흘림). 너무 슬퍼요. 저는 항상 강하고 이성적인 사람이라고 생각했었는데 눈물이 나니까 점점 약해지고 있다고 느껴져요. 그리고 스스로에게 울면 안 된다고 다짐을 해요.

- 애도위기개입자: 울고 싶은 만큼 충분히 우셔도 됩니다. 그리고 지금 눈물이 나는 것은 너무나 자연스러운 반응이에요. 마음이 가는 대로 느끼시면 좋을 것 같습니다.

4) E: 효과적인 대처 권장하기(encourage effective coping)

- 애도위기개입자: 말씀하기 힘드셨을 텐네 이야기해 주셔서 감사합니다. 혹시 예전에 힘든 일이 있으셨을 때 어떻게 대처하셨나요?
- 상실경험자: …… 주로 힘든 일이 있을 때는 그냥 참았던 것 같아요.
- 애도위기개입자: 아, 그러셨군요. 참는 것도 하나의 방법이긴 하지요. 그런데 참는 것이 근본적인 도움은 되지 않을 수도 있어요. 아들이 없는 상황이 변하지 않는 한 바뀔 것이 없다는 생각도 드실 거예요. 당연하게 들 수 있는 생각이지요. 그렇지만 방향을 조금만 바꾸어 우리 함께 지금의 슬픔을 어떻게 헤쳐나갈지 방법을 찾아보면 어떨까요? 제가 옆에서 도와드리겠습니다.

5) R: 회복하기/의뢰하기(recover/referral)

- 애도위기개입자: 혹시 지금 박○○ 씨를 가장 잘 이해해 줄 만한 사람이 주위에 있나요?
- 상실경험자: 남편과 이야기하고 싶은데 아들에 대해 이야기하는 것을 싫어해요.
- 애도위기개입자: 그러시군요. 남편과 아들에 대해 이야기하는 게 도움이 됩니다. 다음 주에 한 번 더 만날 기회가 있는데 그때 남편과 꼭 같이 오시면 좋을 것 같습니다. 어떠세요? 처음에 왔을 때 힘들었던 마음이 조금은 줄어든 것 같으세요? 처음에 10이라고 하셨는데요.
- 상실경험자: …… 지금은 7정도요.
- 애도위기개입자: 힘든 마음이 조금은 줄어들어 다행입니다. 그럼 다음 주에 뵙고, 이후 상담을 더 원하시면 상담센터를 소개해드릴게요. 상담을 지속적으로 받으시면 안정을 찾는 데 많은 도움이 되실 겁니다.

3. 위기개입자가 해야 할 것(DO'S)

애도자와 소통하는 문을 열어라.
애도자의 슬픔에 대해 무엇이라 말할지 망설여지거나 확신이 가지 않는다면, "오늘 기분이 어떠세요?"라거나 "당신 생각을 하고 있어요, 어떻게 지내세요?"라고 가볍게 물어라.
고인을 언급하고, 사망 사실을 알고 있다고 밝혀라.
고인에 대해 언급하고 사망 사실을 알고 있다고 밝힘으로써 낯선 상황에 경직되고 어색해하는 애도자의 긴장감을 조금은 풀어줄 수 있다.
애도자의 말을 경청하고 그 반응을 타당화하고 정상화하라.
공감적 경청, 함께 있어주기 등 지속적인 정서적인 지지를 통해 상실로 인한 애도자의 반응이 자연스럽고 정상적인 애도 현상이라고 정상화시키고 애도자를 안정화(이야기 들어주기, 가끔씩 바람 쐬기, 지속적인 관심 갖기 등)시킨다.
애도자와 대화 시, 대화시간의 80%를 듣고 20%를 말하라.
어떤 사람의 가장 깊은 관심사를 듣는 사람은 매우 소수일 것이다. 그 소수의 사람 중의 하나가 되어 애도자의 이야기를 깊이 경청하고 공감해 주어라. 그러면 결과적으로 당신과 애도자 둘 다 성장하는 의미 있는 시간이 될 것이다.
애도자에게 실제적인 도움이 필요할 때는 그것을 제공하는 데 주저하지 말라.
아내를 잃은 애도자의 경우, 아이를 보살피는 양육방법에 대한 도움이 필요할 수도 있다. "당신에게 무엇이 가장 필요한가요?"라는 우리의 질문에 대한 그들의 대답이 실제적인 도움이다.
애도자의 이야기에 인내심을 가져라.
"우리가 받은 최고의 지지 중의 하나는, 누군가 우리에게 전화하거나 편지를 쓰거나 혹은 방문해서 죽은 사람의 이야기를 할 때이다."라는 애도자의 말에서도 알 수 있듯이 잃어버린 사랑하는 사람의 기억을 애도자가 나눌 수 있도록 인내심을 가지고 허용하라. 이를 통해 애도자가 상실의 슬픔을 딛고 변화된 미래를 지향할 때 건강한 연결감을 길러준다.
당신의 상실과 그에 대해 어떻게 적응했는지 말하라.
비록 애도자의 애도 스타일이 당신과 다를 지라도 당신의 자기 개방은 애도자를 대화의 장으로 초대하는 데 도움이 될 것이다.
애도자를 위해 거기에 있으라.
보살핌으로부터 멀리 떨어져서 돕는 방법은 없다. 슬픔에 빠진 애도자를 위해 애도자가 필요한 곳에 있어야 한다.
어깨를 감싸거나 안는 것처럼 적당한 신체적 접촉을 사용하라.
말을 할 수 없을 때에는 적당한 신체적 접촉이 마음을 전하는 데 더 효과적일 수도 있다.

용기를 주기 위한 시도에서 재잘거리기보다는 서로 침묵을 나누어 가짐으로써 편안함을 배우는 것도 중요하다.

애도과정에서 미래의 거친 지점을 예상하라.

상실 후 깊은 슬픔을 겪으며 성장해가는 회복 과정이 직선적인 과정이 아니라 좋아졌다가 나빠지는 반복적인 과정을 통해 적응적인 과정에 이른다는 것을 알고 있어야 애도자에게 도움을 줄 수 있다.

도움을 줄 때는 구체적으로 제공하라.

"무엇이든 필요하면 전화하세요."와 같은 애매모호한 말은 안하느니만 못하다. 그에 비해 "이번 주 언제 저녁을 가져올까요?"와 같은 구체적인 질문은 애도자로부터 감사하다는 인사를 받을 것이다. 애도자에게 전화를 함으로써 지속적인 관심을 표현하고 일상생활의 필요한 것들에 대한 구체적인 도움을 제공하는 것은 애도자의 슬픔을 완화시킬 것이다.

애도는 한 과정임을 기억하고, 사건이 끝나고 한참이 지나도 애도자에게 지지가 계속적으로 필요함을 잊지 말아라.

4. 위기개입자가 하지 말아야 할 것(DON'TS)

애도자를 역할 속으로 떠밀기.

"당신 너무 잘 하고 계시네요."라는 말로 애도자의 감정 표현을 억압시켜서는 안 된다. 안정적이고 편안한 분위기에서 애도자가 자신의 힘든 감정을 표출하도록 허용하여야 한다.

"당신이 어떻게 느낄지 알아요."라고 말하기.

각 애도자의 애도 경험은 독특하다. 그러므로 애도자가 가진 어떤 문제를 안다고 가정하는 것보다는 애도자의 감정을 나누는 데 집중해야 한다.

'시간이 약이다.', '모두 다 지나가리라.', '신은 신비한 방식으로 일하신다.' 등의 상투적이고 진부한 위로를 사용하기.

상실의 상처는 결코 완전하게 치료되는 것이 아니다. 진부한 위로는 애도자로 하여금 당신이 충분히 사려 깊지 못함을 확인시켜 줄 뿐이다. 그리고 애도 작업은 상실을 겪고 있는 사람에게는 이러한 표현보다 더 적극적이고 힘든 작업이라 할 수 있다.

다른 사람들과 애도 방식을 비교하기.

애도 방식은 각자가 처한 상황과 독특한 생활방식에 따라 각각 다를 수 있기 때문에 다른 사람과의 비교 대상이 되어서는 안 된다. 애도자의 속도에 따른 그만의 애도 방식을 존중해 주어야 한다.

큰 삶의 변화를 격려하기.
상실 이후 얼마의 기간 동안은 모든 결정에 감정이 개입될 수 있다. 그래서 애도자의 애도과정에 영향을 줄 수 있는 커다란 삶의 변화는 되도록 뒤로 미루는 것이 좋다.
조언하거나 설교하기.
애도자는 당신의 설교나 조언을 들으러 온 것이 아니라 커다란 상실의 고통을 위로받아야 할 존재임을 잊지 말라. 애도자의 흐르는 눈물을 막으려고 애쓰지 말고, 자신의 슬픔을 표현할 시간을 갖게 해 주어야 한다.
'죽은 아이를 대신할 아기를 가져요.' 등 잃은 것을 대체하라고 제안하기.
상실로 잃어버린 존재는 무엇으로도 대체할 수 있는 것이 아니다.
애도자에게 무엇을 해야만 하는지 말하기.
이러한 접근은 기껏해야 애도자의 불완전감을 강화시킬 뿐이다. 최악의 경우에는 당신의 조언이 애도의 핵심에서 벗어날 뿐 아니라 애도자의 열렸던 마음을 닫게 할 수도 있다.
애도 작업을 서두르기.
'슬퍼하는 데 합당한 정도의 기간이란 있을 수 없다.'라는 말이 있듯이 상실로 인한 고통을 줄여 주기 위한 좋은 의도로 슬퍼하는 기간을 단축시키려고 하지 말라. 애도 작업은 시간적인 측면에서든 내용적인 측면에서든 길고도 어려운 정서적 과정이기 때문에 정해진 시간표대로 되는 것이 아니라 충분한 시간과 실습이 필요하다.
"무엇이든 필요하면 전화하세요."라고 말하기.
애매한 제공은 정중한 거절을 뜻한다. 애도자는 당신의 구체적이지 않은 표현에 연락하지 않기를 바라는 신호라고 생각할지도 모른다.
"바쁘게 사는 게 최적의 방법이에요." 라고 말하기.
보통 사람들이 위로의 말이라고 건네는 이러한 말은 애도자에게 전혀 위로가 되지 않는다. 상실로 인한 고통은 시간이 흐른다고, 바쁘게 산다고 잊혀지는 것이 아니기 때문이다.

[별첨 1] 상실 경험 체크리스트

◇ 다음은 당신이 살아오면서 경험할 수 있는 다양한 상실 경험들을 나열한 것입니다. 자신이 경험한 상실 경험 모두에 표시해 주시기 바랍니다. 해당하는 경우 반드시 상실 경험 경과 시간(년)을 기록해 주시기 바랍니다.

상실 유형	상실 경험	경험 유무	경과 시간(년)
죽음 상실	1. 어머니의 죽음		
	2. 아버지의 죽음		
	3. 형제자매의 죽음		
	4. 자녀의 죽음		
	5. 배우자의 죽음		
	6. 할머니의 죽음		
	7. 할아버지의 죽음		
	8. 친척의 죽음		
	9. 친구 및 애인의 죽음		
	10. 기타(직접 기입)		
관계 상실	11. 본인의 이혼		
	12. 부모의 이혼		
	13. 우정이 깨어짐		
	14. 연인과 헤어짐		
	15. 가족 구성원과의 단절		
	16. 불임과 유산		
	17. 기타(직접 기입)		
물리적/심리적 상실	18. 거주지의 상실		
	19. 직업을 잃음		
	20. 신체적 건강을 잃음		
	21. 정신적 건강을 잃음		
	22. 정체성을 잃음		
	23. 재산을 잃음		
	24. 학대 받음 (신체적, 성적, 심리적 등 모든 형태)		
	25. 꿈, 목표를 잃음		
	26. 영성, 믿음을 잃음		
	27. 기타(직접 기입)		

◇ 위에서 표시한 상실 경험 중 가장 충격적인 상실 경험을 떠올리고, 아래에 그 경험의 번호를 적어주시기 바랍니다. 가장 충격적 상실 경험 번호: ______________

[별첨 2] 삶의 스트레스 경험 통합 척도(The Integration of Stressful Life Experiences Scale: ISLES)

◇ 사랑하는 사람의 죽음과 관련하여 다음 문장에 동의하거나 동의하지 않는 정도를 ✓표시해 주시길 바랍니다. 각 문장을 주의해서 읽고, 모든 항목에 걸쳐 동의함과 동의하지 않음이 동일한 의미가 아님을 명심하십시오.

	내 용	매우 동의함	동의함	중립	동의 하지 않음	매우 동의하지 않음
1	이 사건 이후로, 세상은 혼란스럽고 무서운 장소처럼 보인다.					
2	나는 이 사건을 이해하고 있다.					
3	내가 이 사건에 대해서 이야기한다면, 나는 사람들이 나를 다르게 볼 것이라 믿는다.					
4	세상에 대한 나의 해석에 이 사건을 통합하는데 어려움을 겪고 있다					
5	이 사건 이후로, 나는 신념의 위기에 있는 것처럼 느껴진다.					
6	이 사건은 내개 이해되지 않는다.					
7	내가 이전에 가고 있던 미래에 대한 목표와 희망이 이 사건 이후에는 더 이상 말이 되지 않는다.					
8	나는 이 사건으로 당혹스럽다.					
9	이 사건 이후로, 내 삶에서 이제 어디로 가야할지 모르겠다.					
10	이 사건을 제외한다면 내 삶에 대해 말하기가 더 쉬울 것이다.					
11	이 사건 이후로, 내 믿음과 가치가 덜 명확하다.					
12	이 사건 이후로, 나는 내 자신을 더 이상 이해하지 못한다.					
13	이 사건 이후로, 내가 내 자신보다 어떤 더 큰 것의 일부라는 것을 느끼는 데 어려움을 겪는다.					
14	이 사건은 내 삶의 목적성이 덜 느껴지게 한다.					
15	이 사건 이후로, 나는 내 삶의 조각들을 다시 맞출 수 없다.					
16	이 사건 이후로, 삶은 더 임의적으로 보인다.					

[별첨 3] 사건충격 척도

◇ 아래 문항들은 스트레스를 경험하고 난 후 겪는 어려움에 관한 것입니다. 이전 페이지에 표시한 상실 경험 가운데 자신을 가장 괴롭히는 충격적인 상실 경험과 관련하여 지난 주 동안 얼마나 경험했는지 각 문항의 해당하는 칸에 ✓표시하여 주시기 바랍니다.

	내 용	전혀 없다	약간 있다	상당히 있다	많이 있다	극심하게 있다
1	그 사건을 상기시켜 주는 것들이 그 사건에 대한 감정(느낌)들을 되살아나게 한다.					
2	나는 수면을 지속하는 데 어려움이 있었다.					
3	나는 다른 일들로 인해 그 사건을 생각하게 된다.					
4	나는 그 사건 이후로 예민하고 화가 난다고 느꼈다.					
5	그 사건에 대해 생각하거나 떠오를 때마다 혼란스러워지기 때문에 회피하려고 했다.					
6	내가 생각하지 않으려고 해도 그 사건이 생각난다.					
7	그 사건이 일어나지 않았거나 현실이 아닌 것처럼 느꼈다.					
8	그 사건을 상기시키는 것들을 멀리하며 지냈다.					
9	그 사건의 영상이 나의 마음속에 갑자기 떠오르곤 했다.					
10	나는 신경이 예민해졌고 쉽게 깜짝 놀랐다.					
11	그 사건에 관해 생각하지 않기 위해 노력했다.					
12	나는 그 사건에 관하여 여전히 많은 감정을 가지고 있다는 것을 알고 있지만 신경쓰고 싶지 않았다.					
13	그 사건에 대한 나의 감정은 무감각한 느낌이었다.					
14	나는 마치 사건 당시로 돌아간 것처럼 느끼거나 행동할 때가 있었다.					
15	나는 그 사건 이후로 잠드는 것이 어려웠다.					
16	나는 그 사건에 대한 강한 감정이 물밀듯 밀려오는 것을 느꼈다.					
17	내 기억에서 그 사건을 지워버리려고 노력했다.					
18	나는 집중하는 데 어려움이 있었다.					
19	그 사건을 떠올리게 하는 어떤 것에도 식은땀, 호흡곤란, 오심, 심장 두근거림 같은 신체적인 반응을 일으켰다.					
20	나는 그 사건에 관한 꿈들을 꾼 적이 있었다.					
21	내가 주위를 경계하고 감시하고 있다고 느꼈다.					
22	나는 그 사건에 대해 이야기하지 않으려고 노력했다.					

[별첨 4] 간이증상도구

◇ 아래 각 문항은 일상 생활에서 경험할 수 있는 것들입니다. 각 문항을 읽고 자신에게 해당되는 것에 ✓표시하십시오.

	내 용	전혀 그렇지 않다	대체로 그렇지 않다	보통이다	대체로 그렇다	매우 그렇다
1	어지럽거나 현기증이 난다.					
2	매사에 관심과 흥미가 없다.					
3	신경이 예민하고 마음이 안정이 안 된다.					
4	가슴이나 심장이 아프다.					
5	외롭다.					
6	긴장이 된다.					
7	구역질이 나거나 게운다.					
8	기분이 울적하다.					
9	별 이유 없이 깜짝 놀란다.					
10	숨쉬기가 거북하다.					
11	허무한 느낌이 든다.					
12	공포에 휩싸이는 때가 있다.					
13	몸의 일부가 저리거나 쩌릿쩌릿하다.					
14	장래가 희망 없는 것 같다.					
15	안절부절못해서 가만히 앉아 있을 수가 없다.					
16	몸의 어느 부위가 힘이 없다.					
17	죽고 싶은 생각이 든다.					
18	두려운 느낌이 든다.					

[별첨 5] 대인관계문제 검사(KIIP-SC)

◇ '대인관계에서 이런 것들이 어렵다', '나는 대체로 이러한 면이 있다'고 느끼는 정도에 해당하는 곳에 '○'표 해 주십시오.

	내용	전혀 아니다	대체로 아니다	보통이다	대체로 그렇다	매우 그렇다
1	내가 원하는 것을 말하기가 어렵다.	1	2	3	4	5
2	친구 사귀기가 어렵다.	1	2	3	4	5
3	다른 사람들에게 정당한 요구라도 하기 어렵다.	1	2	3	4	5
4	사람들과 어울리기 어렵다.	1	2	3	4	5
5	자기주장이 강한 사람들과 같이 있으면 내 주장을 내세우기가 어렵다.	1	2	3	4	5
6	다른 사람의 어려움을 보고도 진심으로 걱정해 주기가 어렵다.	1	2	3	4	5
7	다른 사람의 입장을 지지해 주기가 어렵다.	1	2	3	4	5
8	다른 사람에게 친근감을 느끼기가 어렵다.	1	2	3	4	5
9	다른 사람에게 애정을 느끼기가 어렵다.	1	2	3	4	5
10	다른 사람의 요구를 먼저 들어주기 어렵다.	1	2	3	4	5
11	내 주장을 내세우기가 어렵다.	1	2	3	4	5
12	다른 사람들을 너무 어려워 한다.	1	2	3	4	5
13	다른 사람에게 좋은 일이 생겼을 때 같이 기뻐해 주기가 어렵다.	1	2	3	4	5
14	다른 사람의 감정이 상할까봐 내 주장을 내세우기 어렵다.	1	2	3	4	5
15	다른 사람에게 호감이나 애정을 표현하기 어렵다.	1	2	3	4	5
16	다른 사람들과 함께 있으면 당당하지 못하다.	1	2	3	4	5
17	다른 사람들과 어울리는 자리를 자주 피한다.	1	2	3	4	5
18	다른 사람들과 친해지는 데 시간이 너무 오래 걸린다.	1	2	3	4	5
19	독단적으로 판단하고 결정하여 다른 사람들과 마찰이 있을 때가 많다.	1	2	3	4	5
20	다른 사람들을 너무 잘 믿는다.	1	2	3	4	5

21	내 주장만 너무 내세울 때가 많다.	1	2	3	4	5
22	누가 나에게 의지할 때 받아주기 싫다.	1	2	3	4	5
23	너무 잘 속는 편이다.	1	2	3	4	5
24	다른 사람들을 실망시키지 않으려고 지나치게 애쓴다.	1	2	3	4	5
25	다른 사람의 생각과 감정에 너무 많이 영향을 받는다.	1	2	3	4	5
26	너무 존경받고 싶어 한다.	1	2	3	4	5
27	내가 원하는 것을 얻기 위해 다른 사람들을 자주 조종하거나 이용한다.	1	2	3	4	5
28	다른 사람이 하는 일을 보고 있으면 참견하고 싶어진다.	1	2	3	4	5
29	친한 사람에게 너무 매달린다.	1	2	3	4	5
30	의견차이 때문에 다른 사람들과 자주 다툰다.	1	2	3	4	5
31	다른 사람들이 옆에 있으면 마음이 불편하다.	1	2	3	4	5
32	다른 사람의 고통이나 불행을 보면 도와주려고 너무 나선다.	1	2	3	4	5
33	다른 사람을 너무 시기하고 질투한다.	1	2	3	4	5
34	다른 사람들의 말을 너무 쉽게 따른다.	1	2	3	4	5
35	늘 주목받고 싶어 한다.	1	2	3	4	5
36	다른 사람들 앞에서는 너무 긴장한다.	1	2	3	4	5
37	뚜렷한 주관 없이 다른 사람에게 너무 많이 끌려 다닌다.	1	2	3	4	5
38	다른 사람의 험담을 너무 많이 한다.	1	2	3	4	5
39	다른 사람들에게 자주 이용 당한다.	1	2	3	4	5
40	다른 사람들에게 문제가 생기면 나 때문이라고 자책할 때가 많다.	1	2	3	4	5

[별첨 6] Beck 우울 척도(Beck Depression Inventory, BDI-II)

작성일자: ____년 __월 __일 이름: ________ 성별: 남, 여 나이: 만 ____세

다음을 잘 읽고 **각 항목**에서 오늘을 포함한 최근 2주 동안의 자기 상태를 가장 잘 나타내주는 설명 **하나**를 골라 그 번호에 "○"표를 해 주십시오. 만약 한 항목에 그런 설명이 여러 개 있을 때는 그중 가장 큰 번호의 설명에 "○"표를 하십시오. **한 항목도 빠짐없이 모든 항목에 답하되, 문항마다 반드시 하나의 번호에만 표시**해 주십시오.

1	0	나는 슬픔을 느끼지 않는다.
	1	나는 많은 시간 슬픔을 느낀다.
	2	나는 항상 슬프다.
	3	나는 견딜 수 없을 정도로 너무 슬프거나 불행하다.
2	0	나는 나의 미래에 관해서 용기를 잃지 않는다.
	1	나는 미래에 대해 전보다 더 의기소침하게 느낀다.
	2	나는 내 일이 잘 되리라고 기대하지 않는다.
	3	나는 나의 미래가 희망이 없고 더 나빠질 것이라 생각한다.
3	0	나는 내가 실패자라고 느끼지 않는다.
	1	나는 내가 했어야 할 것 보다 더 많이 실패했다.
	2	뒤돌아보면 나는 많은 실패를 했다.
	3	나는 한 인간으로서 완전한 실패자라고 느낀다.
4	0	나는 내가 전에 즐기던 일에서 여전히 즐거움을 느낀다.
	1	나는 전처럼 즐겁지 않다.
	2	나는 전에는 즐거웠던 일들이 거의 즐겁지 않다.
	3	나는 전에 즐거움을 느꼈던 일에 대해 전혀 즐거움을 느낄 수 없다.
5	0	나는 특별히 죄책감을 느끼지 않는다.
	1	나는 내가 해온 일이나 했어야만 했던 많은 일에 죄책감을 느낀다.
	2	나는 대부분의 시간에 죄책감을 느낀다.
	3	나는 항상 죄책감을 느낀다.
6	0	나는 내가 벌을 받고 있다고 느끼지 않는다.
	1	나는 내가 벌을 받을지도 모른다고 느낀다.
	2	나는 내가 벌을 받게 될 것이라고 예상한다.
	3	나는 내가 지금 벌을 받고 있다고 느낀다.

7	0	나는 내 자신에 대해 전과 같이 느낀다.
	1	나는 내 자신에 대한 확신을 잃었다.
	2	나는 내 자신에 대해 실망한다.
	3	나는 내 자신을 싫어한다.
8	0	나는 전보다 내 자신을 비판하거나 비난하지 않는다.
	1	나는 전보다 내 자신에 대해 더 비판적이다.
	2	나는 나의 모든 잘못에 대해 비판한다.
	3	나는 어떤 나쁜 일이 생기더라도 내 자신을 비난한다.
9	0	나는 자살에 대해 어떤 생각도 해 본적이 없다.
	1	나는 자살에 대해 생각해 본 적이 있으나 실제로 행하지는 않을 것이다.
	2	나는 자살하고 싶다.
	3	나는 기회가 주어지면 자살할 것이다.
10	0	나는 전보다 더 많이 울지는 않는다.
	1	나는 전보다 더 많이 운다.
	2	나는 아주 사소한 일에도 번번이 운다.
	3	나는 울고 싶지만, 울지 못 한다.
11	0	나는 평소보다 더 초조하거나 더 상처를 받지는 않는다.
	1	나는 평소보다 더 초조하고 더 상처를 받고 있다고 느낀다.
	2	나는 가만히 앉아 있기가 어려울 정도로 초조하고 안절부절 못한다.
	3	나는 너무 초조하고 안절부절 못하여 계속 움직이거나 무언가를 해야한다.
12	0	나는 다른 사람이나 활동들에 대한 관심을 잃지 않고 있다.
	1	나는 다른 사람이나 일에 대해 전보다 관심이 줄었다.
	2	나는 다른 사람이나 일에 대한 대부분의 관심을 잃었다.
	3	나는 무엇에도 흥미를 갖기가 어렵다.
13	0	나는 평소처럼 결정을 내린다.
	1	나는 평소보다 결정을 내리기 어려워 한다는 것을 깨닫는다.
	2	나는 전에 비해 결정을 내리기가 훨씬 더 어렵다.
	3	나는 어떤 것이든 결정을 하기가 어렵다.
14	0	내 자신이 가치 없다고 느끼지 않는다.
	1	나는 전보다 내 자신이 가치가 있거나 쓸모 있다고 생각하지 않는다.
	2	나는 다른 사람과 비교해서 더 가치가 없다고 느낀다.
	3	나는 완전히 무가치하다고 느낀다.

15	0	나는 평상시만큼 충분한 에너지가 있다.
	1	나는 전보다 에너지가 적다.
	2	나는 많은 것을 할 만큼 에너지가 충분하지 않다.
	3	나는 어떤 것을 하기에도 에너지가 충분하지 않다.
16	0	나는 평소처럼 잠을 잘 잘 수 있다.
	1a	나는 평소보다 잠을 다소 더 잔다.
	1b	나는 평소보디 잠을 다소 덜 잔다.
	2a	나는 평소보다 잠을 훨씬 더 많이 잔다.
	2b	나는 평소보다 잠을 훨씬 더 적게 잔다.
	3a	나는 하루의 대부분을 잔다.
	3b	나는 1~2시간 일찍 일어나고 다시 잠들기 어렵다.
17	0	나는 평소보다 더 짜증을 내지는 않는다.
	1	나는 평소보다 더 짜증이 난다.
	2	나는 평소보다 아주 많이 짜증이 난다.
	3	나는 항상 짜증이 나 있다.
18	0	나의 식욕은 예전과 변함이 없다.
	1a	나의 식욕은 평소보다 다소 줄었다.
	1b	나의 식욕은 평소보다 다소 늘었다.
	2a	나의 식욕은 전보다 훨씬 줄었다.
	2b	나의 식욕은 전보다 훨씬 더 늘었다.
	3a	나는 식욕이 전혀 없다.
	3b	나는 항상 음식에 대한 욕구가 있다.
19	0	나는 항상 집중할 수 있다.
	1	나는 평소보다 집중할 수 없다.
	2	나는 어떤 것에도 오랫동안 집중하기가 어렵다.
	3	나는 어떤 것에도 집중할 수 없음을 깨닫는다.
20	0	나는 평소보다 더 피로하거나 피곤하지 않다.
	1	나는 평소보다 더 쉽게 피로하고 지친다.
	2	나는 너무 피곤하고 지쳐서 내가 전에 했던 일들 중에 많은 일들을 하지 못한다.
	3	나는 너무 피로하고 지쳐서 내가 전에 했던 일들 중의 대부분의 일들을 할 수가 없다.
21	0	나는 성에 대한 관심이 예전과 변함이 없다.
	1	나는 성에 대한 관심이 예전보다 조금 줄었다.
	2	나는 성에 대한 관심이 예전보다 크게 줄었다.
	3	나는 성에 대한 관심이 전혀 없다.

[별첨 7] 자살생각 척도(Scale for Suicide Ideation, SSI)

◇ 지난 1년간 당신의 생각과 가장 일치하는 칸에 솔직하게 ∨로 표시하여 주시기 바랍니다.

1. 살고 싶은 생각은?	
0	보통 혹은 많이 있다.
1	약간 있다.
2	전혀 없다.

2. 죽고 싶은 생각은?	
0	보통 혹은 많이 있다.
1	약간 있다.
2	전혀 없다.

3. 당신은 삶과 죽음에 대해 어떻게 생각하십니까?	
0	사는 것이 죽는 것 보다 낫다.
1	사는 것이나 죽는 것이나 마찬가지다.
2	죽는 것이 사는 것 보다 낫다.

4. 실제로 자살을 시도하려는 욕구가 있습니까?	
0	전혀 없다.
1	약간 있다.
2	보통 혹은 많이 있다.

5. 삶에 대한 당신의 태도는?	
0	나는 좀 더 나은 삶을 위해 노력한다.
1	사는 것이나 죽는 것이 모두 운명이라고 생각한다.
2	특별히 나는 더 살고자 하는 마음이 없다.

6. 자살하고 싶은 욕구나 생각이 얼마나 오랫동안 지속됩니까?	
0	잠깐 그런 생각이 들다가 곧 사라진다. / 전혀 생각해 보지 않았다.
1	한동안 그런 생각이 지속된다.
2	거의 항상 그런 생각이 지속된다.

7. 당신은 자살에 대한 생각을 얼마나 자주 합니까?	
0	거의 그런 생각을 하지 않는다.
1	가끔 그런 생각을 한다.
2	거의 항상 그런 생각을 한다.

8. 자살에 대한 욕구나 생각이 들 때 당신은 어떻게 하십니까?	
0	그런 생각을 없애기 위해 다른 생각에 몰두한다.
1	그런 생각에 별로 개의치 않는다.
2	그런 생각을 받아 들인다.

9. 스스로 자살하고 싶은 생각을 억제할 수 있습니까?	
0	충분히 억제할 수 있다.
1	억제할 수 있는지 확신할 수 없다.
2	전혀 억제할 수 없는 것 같다.

10. 당신이 실제로 자살을 시도하려고 할 때 당신 주변의 환경(가족/ 친구/ 종교/ 다시 살 수 없다는 생각 등)이 어떠한 영향을 주리라 생각하십니까?	
0	주변 환경 때문에 결코 자살을 시도하지 못할 것이다.
1	주변 환경 때문에 자살을 망설일 것이다.
2	주변 환경의 영향을 전혀 받지 않을 것이다.

11. 당신이 자살에 대해 깊이 생각해 본 이유는 무엇입니까?	
0	자살에 대해 생각을 해 본 적이 없다.
1	주변 사람들의 관심을 끌거나 보복하기 위해서
2	현실에서 벗어나기 위한 방법으로

12. 자살에 대해 깊이 생각했을 때 그 방법까지 구체적으로 계획해 보았습니까?	
0	자살에 대해 생각해 본적이 없다.
1	자살에 대해서는 생각했지만 구체적인 방법까지는 생각하지 않았다.
2	자살시도의 방법을 구체적으로 생각하고 계획도 세워보았다.

13. 당신이 생각한 자살 방법을 사용하는 것이 현실적으로 가능하며 또한 사용할 기회가 있다고 생각합니까?	
0	자살에 대해 생각해 본 적이 없다.
1	별로 현실적이지 못하고 사용할 기회도 없을 것이다.
2	현실적으로 가능하며 사용할 기회도 있을 것이다.

14. 당신은 실제로 자살을 할 수 있다고 생각합니까?	
0	용기가 없고 겁이 나서 실제로는 자살을 하지 못할 것이다.
1	자살할 용기와 능력이 있는지 확신할 수 없다.
2	자살할 용기와 자신이 있다.

15. 당신은 정말로 자살을 시도할 것이라고 확신합니까?	
0	전혀 그렇지 않다.
1	잘 모르겠다.
2	그렇다.

16. 자살을 시도하기 위해 실제로 어떤 준비를 한 적이 있습니까?	
0	없다.
1	완전하지는 않지만 있다(예: 약을 사 모으기 시작함).
2	완전하게 준비했다(예: 죽기에 충분한 다량의 약을 사 모았다).

17. 자살하려는 글(유서)을 써 본 적이 있습니까?	
0	없다.
1	쓰려고 생각만 해보았다. / 시작했다가 그만 두었다.
2	다 써 놓았다.

18. 당신은 죽음을 준비하면서 어떤 행동을 한 적이 있습니까? (예: 나에게 소중한 물건을 남에게 주었다)	
0	없다.
1	생각만 해 보았다.
2	있다.

19. 당신의 자살에 관한 생각을 다른 사람에게 이야기 한 적이 있습니까?	
0	자살에 관해 생각해 본 적이 없다.
1	다른 사람에게 이야기 했다.
2	그런 생각을 속이고 숨겼다.

[별첨 8] 사회적 지지 척도

◇ 다음의 문항들은 일상생활에서 경험할 수 있는 내용들로 구성되어 있습니다. 각 문항들이 여러분들께 얼마나 해당되는지 "전혀 아니다"부터 "아주 그렇다"까지의 숫자 중에서 반드시 하나를 골라 ✓표 해 주십시오(단, 선생님께서 지금 현재 어떻게 느끼고 있는가 보다는 대개의 경우나 또는 평소에 어떻게 행동하고 느끼는지에 따라 응답해 주시기 바랍니다.).

	내 용	전혀 아니다	아니다	보통	그렇다	아주 그렇다
1	내가 사랑과 보살핌을 받고 있다고 느끼게 해준다.	1	2	3	4	5
2	내가 고민되는 문제에 대해 이야기하면 기꺼이 들어줄 것이다.	1	2	3	4	5
3	함께 있으면 친밀감을 느끼게 해준다.	1	2	3	4	5
4	내가 마음 놓고 의지할 수 있는 사람이라고 생각한다.	1	2	3	4	5
5	항상 나의 일에 관심을 갖고 걱정해 준다고 생각한다.	1	2	3	4	5
6	내가 결단을 내리지 못하고 망설일 때에 격려해 주고 용기를 줄 것이다.	1	2	3	4	5
7	내가 기분이 좋지 않을 때 나의 감정을 이해하고 기분을 전환시켜 주려고 할 것이다.	1	2	3	4	5
8	내가 취한 행동의 옳고 그름을 객관적으로 평가해 준다고 생각한다.	1	2	3	4	5
9	내가 그에게 가치 있는 존재임을 인정하고 알게 해준다고 생각한다.	1	2	3	4	5
10	내가 하는 일에 자부심을 가질 수 있도록 나의 일을 인정한다고 생각한다.	1	2	3	4	5
11	나를 인격적으로 존중해준다고 생각한다.	1	2	3	4	5

12	내가 잘했을 때 칭찬을 아끼지 않을 것이다.	1	2	3	4	5
13	나의 의견을 존중해 주고 대체로 긍정적으로 받아들인다고 생각한다.	1	2	3	4	5
14	내가 중요한 선택을 해야 할 때 충고와 조언을 해줄 것이다.	1	2	3	4	5
15	내게 생긴 문제의 원인을 찾는데 도움이 되는 정보와 지식을 제공해 줄 것이다.	1	2	3	4	5
16	내가 모르거나 이해할 수 없는 사실에 대해 알게 해준다고 생각한다.	1	2	3	4	5
17	내가 현실을 이해하고 잘 적응할 수 있도록 건전한 충고를 해 준다고 생각한다.	1	2	3	4	5
18	대체로 내가 배울 점이 많은 존경할 만한 사람이라고 생각한다.	1	2	3	4	5
19	내가 어려운 상황에 직면하면 현명하게 대처할 수 있는 방안을 제시해 줄 것이다.	1	2	3	4	5
20	내가 필요로 하는 돈이나 물건 등에 대해 최선을 다해 마련해 줄 것이다.	1	2	3	4	5
21	나의 일에 대가를 바라지 않고 최선을 다해 도와준다고 생각한다.	1	2	3	4	5
22	내가 필요로 할 때 자기가 소유한 것들을 빌려줄 것이다.	1	2	3	4	5
23	내가 요청할 때마다 기꺼이 시간을 내주고 응해줄 것이다.	1	2	3	4	5
24	내가 몸져 누웠을 때 대신해 줄 수 있는 일을 대신해 줄 것이다.	1	2	3	4	5

국립국어원, (2015). 표준국어대사전. 서울: 두산동아.

김영환, 진유경, 조용래, 권정혜, 홍상황, 박은영(2002). 한국형 타당화: KIIP－C 와 KIIP－PD 의 신뢰도와 타당도. *Korean Journal of Clinical Psychology*, *21*(2), 391－411.

김재순, (2015). 맏아들을 잃은 어머니의 상실감 및 애도 경험에 대한 자문화기술지. 인제대학교 교육대학원 석사학위논문.

문종원, (2011). 슬픔은 상실에서 회복으로 나아가는데 도움을 주는 필수 요소－[상실과 슬픔의 치유]. **사목정보**, 4(9), 121－121.

박지원, (1985). 사회적 지지척도 개발을 위한 일 연구. 연세대학교 박사학위논문.

백경숙, 권용신(2005). 노인이 지각한 스트레스, 대처방법과 심리적 복지감의 관계에 따른 스트레스 대처. **노인복지연구**, 28, 379－402.

윤상철, (2007). 가족상실과 위기상담. 서울: 한국장로교.

이윤주, 조계화, 이현지(2007). 상담일반: 사별에 관한 최근 연구동향 분석. **상담학연구**, 8(3), 839－857.

임기운 외 (2012). 죽음학. 전병술 역. 서울: 모시는 사람들.

정소영, (1997). 상담의 관점에서 본 상배(喪配)여성과 돌보는 목회. (Pastoral Care)－Pastoral Care for Widows: A Counseling Approach. **신학과 선교**, 22, 437－467.

최선재, (2011). 상실 경험의 의미 재구성과 심리적 적응의 관계, 이화여자대학교 대학원 석사학위논문.

통계청, (2016). 국가통계포털(KOSIS).

홍구화, (2010). 상실로 인한 슬픔에 대한 효과적인 위로 사역. 한국기독교신학논총, 67(1), 319－341.

홍상황, 박은영, 김영환, 권정혜, 조용래, 진유경(2002). 한국형 대인관계문제검사 원형척도의 단축형 (KIIP－SC) 구성. *Korean Journal of Clinical*

Psychology, 21(4), 923−940.

황윤경, (1995). 청소년 또래집단의 지각된 사회적 지지와 심리사회적 성숙도와의 관계. 이화여자대학교 교육대학원 석사학위논문.

Alden, L. E., Wiggins, J. S., Pincus, A. L(1990). Construction of circumplex scales for the Inventory of Interpersonal Problems. *Journal of Personality Assessment, 55*(3−4), 521−536.

American Psychiatric Association(2013). *Diagnostic and statistical manual of mental disorders (DSM−5®).* American Psychiatric Pub.

Archibald, D. H(2005). 숨겨진 감정의 회복. 정성준 역. 서울: 두란노서원.

Beck, A. T., Steer, R. A.,Brown, G. K(1996). Beck depression inventory−II. *San Antonio, 78*(2), 490−498.

Belitsky, R.,Jacobs, S(1986). Bereavement, attachment theory, and mental disorders. *Psychiatric Annals, 16*(5), 276−280.

Bonanno, G. A(2004). Loss, trauma, and human resilience: Have we underestimated the human capacity to thrive after extremely aversive events?. *American psychologist, 59*(1), 20.

Bonanno, G. A., Wortman, C. B.,Nesse, R. M(2004). Prospective patterns of resilience and maladjustment during widowhood. *Psychology and aging, 19*(2), 260.

Bowlby, J(1980). Attachment and loss: Loss, sadness and depression. New York: Basic Books (Vol. 3).

Schneider, J(1984). Stress, loss, and grief.

C. Charles, B(2011). 목회적 돌봄을 위한 애도다루기. 최혜란 역. 서울: 학지사.

Cain, L. P(1983). To annex or not? A tale of two towns: Evanston and Hyde Park. *Explorations in Economic History, 20*(1), 58.

Carlson, H(1978). Histochemical fiber composition of lumbar back muscles in the cat. *Acta Physiologica Scandinavica, 103*(2), 198−209.

Collins, G. R(1991). 크리스챤 카운슬링(*Christian counseling: A comprehensive guide*). 피현희, 이혜련 역. 서울: 두란노서원.

Cook, A. S.,Dworkin, D. S(1992). *Helping the bereaved: Therapeutic interventions for children, adolescents, and adults.* Basic Books (AZ).

Currier, J. M., Holland, J. M.,Neimeyer, R. A(2006). Sense−making, grief, and the experience of violent loss: Toward a mediational model. *Death studies, 30*(5), 403−428.

Daggett, L. M(2002). Living with loss: Middle−aged men face spousal bereavement. *Qualitative Health Research, 12*(5), 625−639.

David, K. S(2011). 모든 상실에 대한 치유 애도. 최혜란 역. 서울: 학지사.

Dillen, L., Fontaine, J. R.,Verhofstadt-Denève, L(2008). Are normal and complicated grief different constructs? A confirmatory factor analytic test. *Clinical Psychology &Psychotherapy: An International Journal of Theory &Practice, 15*(6), 386−395.

Ellis, A(2002). General semantics and rational−emotive−behavior−therapy. In P. P. Johnson, D. D. Burland, U. Klien(Eds.), *More e−prime,* 213−240. Concord, CA: International Society for General Semantic

Evers, E(1944). ZWEI FÄLLE MIT SELTENER URETERANOMALIE (»AKZESSORISCHER BLINDURETER»). *Acta Radiologica,* (2), 121−126.

Hashimoto, R., Fujimaki, K., Jeong, M. R., Christ, L.,Chuang, D. M(2003). Lithium-induced inhibition of Src tyrosine kinase in rat cerebral cortical neurons: a role in neuroprotection against N-methyl-D-aspartate receptor-mediated excitotoxicity. *FEBS letters, 538*(1−3), 145−148.

Herbert, A., & Kenneth M(2004). 상실과 슬픔의 치유. 김형준, 윤혜원 역. 서울: 상담과 치유.

Holland, J. M., Neimeyer, R. A., Boelen, P. A.,Prigerson, H. G(2009). The underlying structure of grief: A taxometric investigation of prolonged and normal reactions to loss. *Journal of Psychopathology and Behavioral Assessment, 31*(3), 190−201.

Holmes, T. H.,Rahe, R. H(1967). Schedule of recent experience. *Marriage, 10,* 50.

Houwen, K(2012). Exploring death anxiety among elderly people: A literature review and empirical investigation. *OMEGA−Journal of Death and Dying, 64*(4), 357−379.

Jacobs, Carolyn Mazure, Holly Prigerson, S(2000). Diagnostic criteria for traumatic grief. *Death studies, 24*(3), 185−199.

Johnson, J. G., Vanderwerker, L. C., Bornstein, R. F., Zhang, B.,Prigerson, H. G. (2006). Development and validation of an instrument for the assessment of dependency among bereaved persons. *Journal of*

Psychopathology and Behavioral Assessment, 28(4), 261-270.

Keitel, M. A., Cramer, S. H.,Zevon, M. A(1990). Spouses of cancer patients: A review of the literature. *Journal of Counseling &Development, 69*(2), 163-166.

Kenrick, D. T., Becker, D. V., Butner, J., Li, N. P.,Maner, J. K(2003). Evolutionary cognitive science: Adding what and why to how the mind works.

Kessler, R. C., McLeod, J. D(1984). Sex differences in vulnerability to undesirable life events. *American sociological review*, 620-631.

Kubany, E. S.,Manke, F. P(1995). Cognitive therapy for trauma-related guilt: Conceptual bases and treatment outlines. *Cognitive and Behavioral Practice, 2*(1), 27-61.

Lazare, A(1989). Bereavement and unresolved grief. Baltimore: Williams & Wilkins Co.

Richard, K., James, Burl E(2008). 위기개입. 한인영, 장수미, 최정숙, 박형원 공역 서울: 나눔의 집.

Leahy, J. L., Bumbalo, L. M.,Chen, C(1993). Beta-cell hypersensitivity for glucose precedes loss of glucose-induced insulin secretion in 90% pancreatectomized rats. *Diabetologia, 36*(12), 1238-1244.

Lewis, C. S(2001). A Grief Observed. 1961. *San Francisco: HarperSanFrancisco. A Division of HarperCollins Publishers.*

Lindemann, E(1944). Symptomatology and management of acute grief. *American journal of psychiatry, 101*(2), 141-148.

Maccallum, F.,Bryant, R. A(2013). A cognitive attachment model of prolonged grief: Integrating attachments, memory, and identity. *Clinical Psychology Review, 33*(6), 713-727.

Malkinson, R(2007). *Cognitive grief therapy: Constructing a rational meaning to life following loss.* WW Norton &Company.

Mancini, A. D.,Bonanno, G. A(2009). Predictors and parameters of resilience to loss: Toward an individual differences model. *Journal of personality, 77*(6), 1805-1832.

Melhem, N. M., Day, N., Shear, M. K., Day, R., Reynolds, C. F., Brent, D(2004). Predictors of complicated grief among adolescents exposed to a peer's suicide. *Journal of Loss and Trauma, 9*(1), 21-34. 김대동, (2010), 품위있는 죽음과 생명의 상담. 서울: 한들.

Middleton, W., Raphael, B., Burnett, P.,Martinek, N(1997). Psychological distress and bereavement. *The Journal of nervous and mental disease, 185*(7), 447-453.

Missler, M., Stroebe, M., Geurtsen, L., Mastenbroek, M., Chmoun, S., Van Der

Monk, T. H., Houck, P. R.,Katherine Shear, M(2006). The daily life of complicated grief patients—What gets missed, what gets added?. *Death Studies, 30*(1), 77-85.

Neimeyer, R. A(2000). *Lessons of loss: A guide to coping.* Clayton South: Centre for Grief Education.

Neria, Y., Olfson, M., Gross, R., Gamerrof, M., Manetti-Cusa, J.,Weissman, M. (2007). 9/11 PTSD among urban primary care patients in nyc: A longitudinal examination. *European Psychiatry, 22,* S283-S284.

Ogrodniczuk, J. S., Piper, W. E., Joyce, A. S., Weideman, R., McCallum, M., Azim, H. F.,Rosie, J. S(2003). Differentiating symptoms of complicated grief and depression among psychiatric outpatients. *The Canadian Journal of Psychiatry, 48*(2), 87-93.

Parkes, C. M(1996). Bereavement. *MEDICINE-ABINGDON-UK EDITION, 24,* 73-74.

Parkes, C. M.,Weiss, R. S(1983). *Recovery from bereavement.* Basic Books.

Pincus, J. H(1979). 죽는 이와 남은 이를 위하여. 이인복 역. 서울: 고향서원.

Prigerson, H. G., Bierhals, A. J., Kasl, S. V., Reynolds, C. F., Shear, M. K., Day, N., ... &Jacobs, S(1997). Traumatic grief as a risk factor for mental and physical morbidity. *American journal of psychiatry, 154,* 616-623.

Prigerson, H. G., Horowitz, M. J., Jacobs, S. C., Parkes, C. M., Aslan, M., Goodkin, K., ... &Bonanno, G(2009). Prolonged grief disorder: Psychometric validation of criteria proposed for DSM-V and ICD-11. *PLoS medicine, 6*(8), e1000121.

Prigerson, H. G., Maciejewski, P. K., Reynolds III, C. F., Bierhals, A. J., Newsom, J. T., Fasiczka, A., ... &Miller, M(1995). Inventory of Complicated Grief: a scale to measure maladaptive symptoms of loss.

Psychiatry research, 59(1–2), 65–79.

Rando, T. A(1984). *Grief, dying, and death: Clinical interventions for caregivers* (pp. 149–153). Champaign, IL: Research Press Company.

Rando, T. A(1993). *Treatment of complicated mourning.* Research Press.

Schaefer, C., Quesenberry Jr, C. P.,Wi, S(1995). Mortality following conjugal bereavement and the effects of a shared environment. *American Journal of Epidemiology, 141*(12), 1142–1152.

Schneider, J(1984). Stress, Loss, and Grief. *Critical Care Medicine, 12*(12), 1084.

Schut, H., Stroebe, M. S., Van den Bout, J.,Terheggen, M(2001). The efficacy of bereavement interventions: Determining who benefits.

Schut, M. S. H(1999). The dual process model of coping with bereavement: Rationale and description. *Death studies, 23*(3), 197–224.

Séguin, M., Lesage, A.,Kiely, M. C(1995). Parental bereavement after suicide and accident: a comparative study. *Suicide and Life-Threatening Behavior, 25*(4), 489–498.

Shear, M. K., Ghesquiere, A.,Glickman, K(2013). Bereavement and complicated grief. *Current psychiatry reports, 15*(11), 406.

Shear, M. K., Simon, N., Wall, M., Zisook, S., Neimeyer, R., Duan, N., ... & Gorscak, B(2011). Complicated grief and related bereavement issues for DSM-5. *Depression and anxiety, 28*(2), 103–117.

Staudacher, C(1991). *Men &Grief: A Guide for Men Surviving the Death of a Loved One: a Resource for Caregivers and Mental Health Professionals.* New Harbinger Publications Incorporated(2001)

Stroebe, M. S.,Stroebe, W(1983). Who suffers more? Sex differences in health risks of the widowed. *Psychological bulletin, 93*(2), 279.

Taylor, S.,Rachman, S. J(1991). Fear of sadness. *Journal of Anxiety Disorders, 5*(4), 375–381.

Van Grootheest, D. S., Beekman, A. T., Van Groenou, M. B.,Deeg, D. J(1999). Sex differences in depression after widowhood. Do men suffer more?. *Social Psychiatry and psychiatric epidemiology, 34*(7), 391–398.

Viederman, M(1995). The computer age: beware the loss of the narrative.

General Hospital Psychiatry, 17(3), 157－159.

Wagner, T., Vadon, M., Staudacher, E., Schmarda, A., Gassner, C., Helmberg, W., ... &Wagner, F. F(2001). A new h allele detected in Europe has a missense mutationin α (1, 2)-fucosyltransferase motif II. *Transfusion, 41*(1), 31－38.

Wallerstein, J. S.,Kelly, J. B(1980). Effects of divorce on the visiting father-child relationship. *The American Journal of Psychiatry.*

Weiss, R. S(1988). Loss and recovery. *Journal of Social Issues, 44*(3), 37－52.

Westberg, G(1962). Good Grief: A Constructive Approach to the Problems of Loss.

Worden, J. W.,Proctor, W(1976). PDA: Personal death awareness.

Worden, J. W(1991). Grief counselling and grief therapy: a handbook for the mental health professional.

Worden, J. W(2016), 유족의 사별슬픔 상담과 치료. 이범수 역 서울: 해조음.

Worden, J. W(2018). *Grief counseling and grief therapy: A handbook for the mental health practitioner.* Springer Publishing Company.

Wright, E. L., Eisenhardt, P. R., Mainzer, A. K., Ressler, M. E., Cutri, R. M., Jarrett, T., ... &Stanford, S. A(2010). The Wide－field Infrared Survey Explorer (WISE): mission description and initial on－orbit performance. *The Astronomical Journal, 140*(6), 1868.

Zhou, X. Q., Wevick, H., Iwamoto, N., Li, S.,Grieve, A(2003). *U.S. Patent Application No. 10/300, 493.*

색 인

부록

관련 기관 안내

일반 정신 건강 관련 기관

기관명	연락처
〈정부 및 공공기관 및 유관기관〉	
보건복지부	129 (공휴일, 야간: 044－202－2118)
국립정신건강센터	02－2204－0114
중앙정신건강복지사업지원단	02－747－3070
질병관리본부	043－719－7065
국방헬프콜	1303
중앙장애인권익옹호기관	02－6951－1790
〈경찰 트라우마센터〉	
서울 보라매병원	02－870－2114
대전 유성선병원	1588－7011
부산 온종합병원	051－607－0114
광주 조선대학교병원	062－220－3398
〈광역정신건강복지센터〉	
서울시정신건강복지센터	02－3444－9934
경기도정신건강복지센터	031－212－0435~6
인천광역정신건강복지센터	032－468－9911
충청북도광역정신건강복지센터	043－217－0597
충청남도광역정신건강복지센터	041－633－9183
대전광역정신건강복지센터	042－486－0005
경상남도정신건강복지센터	055－239－1400
경상북도정신건강복지센터	054－748－6400
대구광역정신건강복지센터	053－256－0199
전라북도광역정신건강복지센터	063－251－0650
전라남도광역정신건강복지센터	061－350－1700

기관명	연락처
광주광역정신건강복지센터	062－600－1930
강원도광역정신건강복지센터	033－251－1970
울산광역정신건강복지센터	052－716－7199
부산광역정신건강복지센터	051－242－2575
제주특별자치도광역정신건강복지센터	064－717－3000
〈지역별 정신건강복지센터〉 – 서울	
강남구정신건강복지센터	02－2226－0344
강동구정신건강복지센터	02－471－3223
강북구정신건강복지센터	02－985－0222
강서구정신건강복지센터	02－2600－5926
관악구정신건강복지센터	02－879－4911
광진구정신건강복지센터	02－450－1895
구로정신건강복지센터	02－860－2618
금천구정신건강복지센터	02－3281－9314
노원구정신건강복지센터	02－950－4591
도봉구정신건강복지센터	02－900－5783
동대문구정신건강복지센터	02－963－1621
동작구정신건강복지센터	02－588－1455
마포구정신건강복지센터	02－3272－4937
서대문구정신건강복지센터	02－337－2165
서초구정신건강복지센터	02－2155－8215
성동구정신건강복지센터	02－2298－1080
성북구정신건강복지센터	02－2241－6304
송파정신건강복지센터	02－421－5871
양천구정신건강복지센터	02－2061－8881
영등포구정신건강복지센터	02－2670－4753
용산구정신건강복지센터	02－2199－8370
은평구정신건강복지센터	02－353－2801
종로구정신건강복지센터	02－745－0199
중구정신건강복지센터(서울)	02－2236－6606

기관명	연락처
중랑구정신건강복지센터	02-3422-5921~3
- 경기도	
가평군정신건강복지센터	031-581-8881
고양시아동청소년정신건강증진센터	031-908-3567
고양시정신건강증진센터	031-968-2333
과천시정신건강증진센터	02-504-4440
광명시정신건강복지센터	02-897-7786
광주시정신건강복지센터(경기)	031-762-8728
구리시정신건강복지센터	031-550-8614
군포시정신건강증진센터	031-461-1771
김포시정신건강복지센터	031-998-2005
남양주시정신건강복지센터	031-592-5891
동두천시정신건강복지센터	031-863-3632
부천시정신건강복지센터	032-654-4024~7
성남시소아청소년정신건강복지센터	031-751-2445
성남시정신건강복지센터	031-754-3220
수원시노인정신건강센터	031-273-7511
수원시아동청소년정신건강센터	031-242-5737
수원시정신건강복지센터	031-247-0888
수원시행복정신건강복지센터	031-253-5737
시흥시정신건강복지센터	031-316-6661
안산시정신건강복지센터	031-411-7573
안성시정신건강복지센터	031-378-5361~9
안양시정신건강복지센터	031-469-2989
양주시정신건강복지센터	031-840-7320
양평군정신건강복지센터	031-770-3526
여주시정신건강복지센터	031-886-3435
연천군정신건강증진센터	031-832-8106
오산시정신건강증진센터	031-374-8680
용인시정신건강증진센터	031-286-0949
의왕시정신보건센터	031-458-0682
의정부시정신건강복지센터	031-828-4547

기관명	연락처
이천시정신건강복지센터	031-637-2330
파주시정신건강증진센터	031-942-2117
평택시정신건강증진센터	031-658-9818
포천시 정신건강복지센터	031-532-1655
하남시정신건강복지센터	031-793-6552
화성시정신건강복지센터	031-369-2892
- 인천	
강화군정신건강복지센터	032-932-4093
계양구정신건강복지센터	032-547-7087
부평구정신건강증진센터	032-330-5602
연수구정신건강복지센터	032-749-8171~7
인천남구정신건강복지센터	032-421-4045~6
인천남동구정신건강복지센터	032-465-6412
인천동구정신건강복지센터	032-765-3690~1
인천서구정신건강증진센터	032-560-5006, 5039
인천중구정신건강증진센터	032-760-6090
- 충남	
계룡시정신건강복지센터	042-840-3584/3570
공주시정신건강복지센터	041-852-1094
금산군정신건강복지센터	041-751-4721
논산시정신건강복지센터	041-746-8073/4076
당진시정신건강복지센터	041-352-4071
보령시보건소정신건강복지센터	042-930-4184
부여군보건소정신건강복지센터	041-830-2502
서산시정신건강복지센터	041-661-6592
서천군정신건강복지센터	041-950-6733
아산시정신건강복지센터	041-537-4353
예산군정신건강복지센터	041-339-8029
천안시정신건강복지센터(동남구)	041-521-2664
천안시정신건강복지센터(서북구)	041-571-0199

기관명	연락처
청양군보건의료원 정신건강복지센터	041-940-4546
태안군보건의료원 정신건강복지센터	041-671-5398
홍성군정신건강복지센터	041-630-9076 / 보건소-9057
- 충북	
괴산군정신건강증진센터	043-832-0330
단양군정신건강복지센터	043-420-3245
보은군정신건강복지센터	043-544-6991
영동군정신건강복지센터	043-740-5613/5624
옥천군정신건강복지센터	043-730-2195
음성군정신건강증진센터	043-872-1883~4, 043-878-1882
제천시정신건강복지센터	043-646-3074~5
증평군정신건강증진센터	043-835-4277
진천군정신건강증진센터	043-536-8387
청주시상당정신건강복지센터	043-201-3122~9
청주시서원정신건강복지센터	043-291-0199
청주시흥덕정신건강복지센터	043-234-8686
청주시청원정신건강복지센터	043-215-6868
충주시정신건강복지센터	043-855-4006
- 세종	
세종시정신건강복지센터	044-861-8521
- 대전	
대덕구정신건강복지센터	042-931-1671
동구정신건강복지센터(대전)	042-673-4619
서구정신건강증진센터(대전)	042-488-9748
유성구정신건강증진센터	042-825-3527
중구정신건강증진센터(대전)	042-257-9930
- 경남	
거제시보건소 정신건강복지센터	055-639-6119
거창군정신건강증진센터	055-940-8344/8384

기관명	연락처
고성군보건소정신건강복지센터	055-670-4057~8
김해시정신건강복지센터	070-4632-2900
남해군보건소 정신건강복지센터	055-860-8701
밀양시정신건강복지센터	055-359-7081
사천시보건소 정신건강복지센터	055-831-2795/3575
산청군정신건강복지센터	055-970-7553
양산시정신건강복지센터	055-367-2255
의령군보건소/의령군정신건강증진센터	055-570-4093/4023
진주시보건소정신건강증진센터	055-749-4575/5774
창녕군정신건강복지센터	055-530-6225
창원시 마산정신건강복지센터	055-225-6031
창원시 진해정신건강복지센터	055-225-6691
창원시 창원정신건강복지센터	055-287-1223
통영시정신건강복지센터	055-650-6122/6153
하동군정신건강복지센터	055-880-6670
함안군보건소 정신건강복지센터	055-580-3201/3131
함양군보건소 정신건강복지센터	055-960-5358/4685
합천군 보건소 정신건강복지센터	055-930-4835/3720
- 경북	
경산시정신건강복지센터	053-816-7190
경주시정신건강복지센터	054-777-1577
구미시정신건강복지센터	054-480-4047
김천시정신건강복지센터	054-433-4005
문경시정신건강증진센터	054-554-0802
봉화군정신건강복지센터	054-679-1126
상주시정신건강복지센터	054-536-0668
성주군정신건강복지센터	054-930-8112

기관명	연락처
안동시정신건강복지센터	054-842-9933
영덕군정신건강복지센터	054-730-7161~4
영주시 정신건강복지센터	054-639-5978
영천시정신건강증진센터	054-331-6770
칠곡군정신건강복지센터	054-973-2024
포항시남구정신건강복지센터	054-270-4073/4091
포항시북구정신건강증진센터	054-270-4193~8
- 대구	
남구정신건강증진센터(대구)	053-628-5863
달서구정신건강복지센터	053-637-7851
달성군정신건강증진센터	053-643-0199
동구정신건강복지센터(대구)	053-983-8340,2
북구정신건강복지센터(대구)	053-353-3631
서구정신건강증진센터(대구)	053-564-2595
수성구정신건강증진센터	053-756-5860
중구정신건강복지센터(대구)	053-256-2900
- 전남	
강진군정신건강복지센터	061-430-3542/3560
고흥군정신건강복지센터	061-830-6636/6673
광양시정신건강증진센터	061-797-3778
곡성군정신건강복지센터	061-363-9917
구례군정신건강복지센터	061-780-2023/2047
나주시정신건강증진센터	061-333-6200
담양군보건소/담양군정신건강복지센터	061-380-3995
목포시정신건강복지센터	061-276-0199
무안정신건강복지센터	061-450-5032
보성군정신건강증진센터	061-853-5500
순천시정신건강복지센터	061-749-6884/6928
여수시정신건강복지센터	061-659-4255/4289

기관명	연락처
영광군 정신건강복지센터	061-350-5666, 061-353-9401
완도군정신건강증진센터	061-550-6742/6745
장성군정신건강증진센터	061-390-8373/395-0199
장흥군정신건강복지센터	061-860-0549/0541
진도군정신건강복지센터	061-540-6058
함평군정신건강복지센터	061-320-2428/2512
해남군정신건강복지센터	061-531-3763/3767
화순군정신건강복지센터	061-379-5305
- 전북	
고창군 정신건강증진센터	063-563-8738
군산시정신건강증진센터	063-445-9191
김제시정신건강복지센터	063-542-1350
남원시정신건강복지센터	063-635-4122
부안군정신건강증진센터	063-581-5831
완주군정신건강복지센터	063-262-3066
익산시정신건강증진센터	063-841-4235
전주시정신건강증진센터	063-273-6995~6
정읍시정신건강증진센터	063-535-2101
진안군 정신건강증진센터	063-432-8529
무주군정신건강복지센터	063-320-8232
- 광주	
광산구정신건강증진센터	062-941-8567
광주남구정신건강증진센터	062-676-8236
광주동구정신건강증진센터	062-233-0468
광주북구정신건강증진센터(본소)	062-267-5510
광주북구정신건강복지센터(분소)	062-267-4800
광주서구정신건강증진센터	062-350-4195

기관명	연락처
– 강원도	
강릉시정신건강복지센터	033–651–9668
고성군정신건강복지센터(강원)	033–682–4020
동해시정신건강복지센터	033–533–0197
삼척시정신건강복지센터	033–574–0190
속초시정신건강복지센터	033–633–4088
양구군정신건강복지센터	033–480–2789
양양군정신건강증진센터	033–673–0197, 0199
영월군정신건강복지센터	033–374–0199
원주시정신건강복지센터	033–746–0198
인제군보건소 정신건강복지센터	033–460–2245, 033–461–7427
정선군보건소 정신건강복지센터	033–560–2896
철원군보건소 철원군정신건강증진센터	033–450–5104
춘천시정신건강복지센터	033–241–4256
태백시정신건강복지센터	033–554–1278
평창군보건의료원 정신건강복지센터	033–330–4872
홍천군정신건강증진센터	033–430–4035
화천군보건소 정신건강복지센터	033–441–4000
횡성군정신건강증진센터	033–345–9901
– 울산	
울산울주군정신건강복지센터	052–262–1148
울산남구정신건강복지센터	052–227–1116
울산동구정신건강복지센터	052–233–1040
울산북구정신건강복지센터	052–288–0043
울산중구정신건강증진센터	052–292–2900
– 부산	
강서구정신건강증진센터(부산)	051–970–3417
금정구정신건강증진센터	051–518–8700

기관명	연락처
기장군정신건강증진센터	051–727–5386
남구정신건강증진센터(부산)	051–626–4660,1
동구정신건강복지센터(부산)	051–911–4600
동래구정신건강복지센터	051–507–7306~7
북구정신건강복지센터(부산)	051–334–3200
사상구정신건강증진센터	051–314–4101
사하구정신건강복지센터	051–265–0512
서구정신건강증진센터(부산)	051–256–1983
수영구정신건강증진센터	051–714–5681
연제구정신건강복지센터	051–861–1914
영도구정신건강복지센터	051–404–3379
중구정신건강복지센터(부산)	051–257–7057
진구정신건강증진센터	051–638–2662
해운대구정신건강복지센터	051–741–3567
– 제주	
서귀포시정신건강복지센터	064–760–6553
제주시정신건강증진센터	064–728–4075
〈지방 보건소〉 – 전남	
신안군 보건소	061–240–8095
영암군 보건소	061–470–6539
– 전북	
순창군보건의료원	063–650–5247
임실군보건의료원	063–640–3144
장수군보건의료원	063–350–3162
– 경북	
고령군보건소	054–954–1300
청도군 보건소	054–370–6296
군위군 보건소	054–383–4000
예천군 보건소	054–650–8033
영양군 보건소	054–680–5132
울릉군보건의료원	054–790–6871
의성군 보건소	054–830–6684
청송군 보건의료원	054–870–7200

자살 관련 기관

기관명	연락처
한국자살예방협회	02-413-0892-3
한마음한몸자살예방센터	02-318-3079
사랑의전화상담센터	02-3272-4242
불교상담개발원(자비의전화)	02-737-7378
(사)생명존중교육협의회	02-904-6647
기독교자살예방센터	070-8749-2114
중앙자살예방센터	02-2203-0053
〈생명의 전화〉	
한국생명의전화	02-763-9195
서서울생명의전화	02-2649-9233
수원생명의전화	031-237-3120
안양생명의전화	031-383-9114
고양생명의전화	031-901-1391
부천생명의전화	032-325-2322
충주생명의전화	043-842-9191
광주생명의전화	062-232-9192
전주생명의전화	063-286-9192
대구생명의전화	053-475-9193
포항생명의전화	054-252-9177
울산생명의전화	052-265-5570
부산생명의전화	051-807-9195
제주생명의전화	064-744-9190
〈광역자살예방센터〉	
서울시자살예방센터	02-3458-1000
경기도자살예방센터	031-212-0437
인천광역시자살예방센터	032-468-9911
대구광역자살예방센터	053-256-0199
광주광역자살예방센터	062-600-1930
강원도자살예방센터	033-251-1970
부산광역자살예방센터	051-242-2575
〈지역자살예방센터〉 - 서울	
성동구자살예방센터	02-2298-7119

기관명	연락처
성북구자살예방센터	02-916-9118
- 경기	
가평군자살예방센터	031-581-8872
광명시자살예방센터	02-2618-8255
성남시정신건강증진센터 부설 성남	031-754-3220
수원시자살예방센터	031-247-3279
시흥시자살예방센터	031-316-6664
안산시자살예방센터	031-418-0123
여주시자살예방센터	031-886-3435
양평군자살예방센터부설양평군자	031-770-3532, 26
용인시자살예방센터	070-4457-9373
이천시자살예방센터	031-637-2330
의정부시정신건강복지센터 부설	031-828-4547
화성시자살예방센터	031-369-2892
- 인천	
인천남구자살예방센터	032-421-4047
- 충남	
천안시자살예방센터	041-571-0199
- 전북	
남원시자살예방센터	063-635-4122
- 강원	
강릉시정신건강복지센터부설강릉	033-651-9668
원주시정신건강복지센터부설원주	033-746-0198
홍천군정신건강복지센터부설홍천	033-435-7482
- 울산	
울산남구자살예방센터	052-227-1116
울산동구자살예방센터	052-233-1040
울산북구자살예방센터	052-288-0043
울산중구자살예방센터	052-292-2900

여성 관련 기관

기관명	연락처
〈여성 긴급전화 1366〉	
중앙센터	1366
서울	02-1366
경기	031-1366
경기북부	031-1366
인천	032-1366
충북	043-1366
충남	041-1366
대전	042-1366
전북	063-1366
전남	061-1366
광주	062-1366
경북	054-1366
경남	055-1366
대구	053-1366
강원	033-1366
울산	052-1366
부산	051-1366
제주	064-1366
〈여성 관련 전문 기관〉	
(사)한국여성상담센터	02-953-1704
(사)한국여성장애인연합	02-3675-9935, 02-766-9935
〈한국 여성의 전화〉	
서울강서양천여성의전화	02-2605-8466
김포여성의전화	가정폭력상담: 031-986-0136
광명여성의전화	가정폭력상담: 02-2060-2545 이메일상담: kmwhl@hanmail.net
성남여성의전화	가정폭력상담: 031-751-6677 성폭력상담: 031-751-1120 이메일상담: snwhl@naver.com
수원여성의전화	가정폭력상담: 031-232-6888

기관명	연락처
	성폭력상담: 031-224-6888 성매매상담: 031-222-0122 청소년열린터: 031-253-8298
시흥여성의전화	여성폭력상담: 031-496-9393 가정폭력상담: 031-496-9494 이메일상담: shwhl@jinbo.ne
안양여성의전화	가정폭력상담: 031-468-1366 성폭력상담: 031-466-1366
부천여성의전화	상담: 032-328-9711
강릉여성의전화	상담 : 033-643-1982, 033-643-1985 이메일상담: gw1985@hanmail.net
군산여성의전화	상담: 063-445-2285
익산여성의전화	상담: 063-858-9191 이메일상담: iswhl@hanmail.net
전주여성의전화	상담: 063-283-9855, 063-282-1366
영광여성의전화	상담: 061-352-1321
청주여성의전화	여성폭력상담: 043-252-0966, 043-252-0968
천안여성의전화	여성폭력상담: 041-561-0303
창원여성의전화	여성폭력상담: 055-267-1366, 055-283-8322
진해여성의전화	상담: 055-546-8322, 055-546-0036 참살이: 055-546-1409 이메일상담: jhwhl01@hanmail.net
광주여성의전화	일반상담: 062-363-0442~3 가정폭력상담: 062-363-0485 성폭력상담: 062-363-0487 성매매상담: 062-384-8297
대구여성의전화	가정폭력상담: 053-471-6482 성폭력상담: 053-471-6483 이메일상담: esco10@hananet.net
울산여성의전화	여성주의상담: 052-244-1555

기관명	연락처
부산여성의전화	가정폭력상담: 051-817-6464 성폭력상담: 051-817-6474
〈한국여성민우회〉	
한국여성민우회	02-737-5763
한국여성민우회(성폭력 상담)	02-335-1858
한국여성민우회(여성연예인인권지원)	02-736-1366
서울남서여성민우회	02-2643-1253
서울동북여성민우회	02-3492-7141
고양파주여성민우회	031-907-1003
군포여성민우회	031-396-0201
인천여성민우회	032-525-2219
광주여성민우회	062-529-0383
진주여성민우회	055-743-0410
원주여성민우회	033-732-4116
춘천여성민우회	033-255-5557

아동 관련 기관

기관명	연락처
중앙아동보호전문기관	02-558-1391
〈지역아동센터〉	
한국지역아동센터연합회	1544-4196
지역아동센터중앙지원단	02-365-1264, 02-581-1264
서울지원단	02-2632-3125
인천지원단	032-425-7327-8
경기북부지원단	031-595-7859/7869
경기남부지원단	031-236-2729
충북지원단	043-287-9095
충남지원단	041-557-2729
대전지원단	042-226-2729
강원지원단	033-255-1008,9
전북지원단	063-274-5479
전남지원단	061-272-7951~2
광주지원단	062-522-9976, 062-521-9975
경북지원단	054-463-7275~6
울산지원단	052-221-2729
경남지원단	055-252-1379
대구지원단	053-476-1613
부산지원단	051-440-3020~1
제주지원단	064-756-5579
〈아동보호전문기관〉 - 서울	
중앙아동보호전문기관	02-558-1391
노원구아동보호전문기관	02-974-1391
서울동남권아동보호전문기관	02-474-1391
서울특별시아동보호전문기관	02-2040-4242
서울특별시동부아동보호전문기관	02-2247-1391
서울강서아동보호전문기관	02-3665-5183~5
서울은평아동보호전문기관	02-3157-1391
서울영등포아동보호전문기관	02-842-0094

기관명	연락처
서울성북아동보호전문기관	02-923-5440
서울마포아동보호전문기관	02-422-1391
- 경기	
수원아동보호전문기관	031-8009-0080
경기평택아동보호전문기관	031-652-1391
경기시흥아동보호전문기관	031-316-1391
경기용인아동보호전문기관	031-275-6177
안산시아동보호전문기관	031-402-0442
경기도아동보호전문기관	031-245-2448
경기북부아동보호전문기관	031-874-9100
경기성남아동보호전문기관	031-756-1391
경기고양아동보호전문기관	031-966-1391
경기부천아동보호전문기관	032-662-2580
경기화성아동보호전문기관	031-227-1310
경기남양주아동보호전문기관	031-592-9818
- 인천	
인천남부아동보호전문기관	032-424-1391
인천광역시아동보호전문기관	032-434-1391
인천북부아동보호전문기관	032-515-1391
- 충청북도	
충청북도아동보호전문기관	043-216-1391
충북북부아동보호전문기관	043- 645-9078
충북남부아동보호전문기관	043-731-3686
- 충청남도	
충청남도서부아동보호전문기관	041-635-1106
충청남도아동보호전문기관	041-578-2655
충청남도남부아동보호전문기관	041-734-6640~1
- 대전	
대전광역시아동보호전문기관	042-254-6790
- 세종시	
세종시아동보호전문기관	044-864-1393

기관명	연락처
– 전라북도	
전라북도아동보호전문기관	063–283–1391
전라북도서부아동보호전문기관	063–852–1391
전라북도서부아동보호전문기관 군산분소	063–734–1391
전라북도동부아동보호전문기관	063–635–1391~3
– 전라남도	
전남중부권아동보호전문기관	061–332–1391
전라남도아동보호전문기관	061–753–5125
전남서부권아동보호전문기관	061–285–1391
전남서부권아동보호전문기관 분사무소	061–284–1391
– 광주	
빛고을아동보호전문기관	062–675–1391
광주광역시아동보호전문기관	062–385–1391
– 경상북도	
경북남부아동보호전문기관	054–745–1391
경북북부아동보호전문기관	054–853–0237~8
경북동부아동보호전문기관	054–284–1391
경북서부아동보호전문기관	054–455–1391
– 경상남도	
김해시아동보호전문기관	055–322–1391
경상남도아동보호전문기관	055–244–1391
경상남도아동보호전문기관 양산사무소	055–367–1391
경남서부아동보호전문기관	055–757–1391
– 대구	
대구광역시북부아동보호전문기관	053–710–1391
대구광역시남부아동보호전문기관	053–623–1391
대구광역시아동보호전문기관	053–422–1391
– 강원	
강원남부아동보호전문기관	033–535–5391

기관명	연락처
강원도아동보호전문기관	033–244–1391
강원동부아동보호전문기관	033–644–1391
강원서부아동보호전문기관	033–766–1391
– 울산	
울산남부아동보호전문기관	052–256–1391
울산광역시아동보호전문기관	052–245–9382
– 부산	
부산남부아동보호전문기관	051–791–1360
부산서부아동보호전문기관	051–711–1391
부산광역시아동보호전문기관	051–791–1391
부산동부아동보호전문기관	051–715–1391
– 제주	
제주특별자치도아동보호전문기관	064–712–1391~2
서귀포시아동보호전문기관	064–732–1391
〈아동학대예방센터〉	
서울특별시아동학대예방센터	02–2040–4242
서울동부아동학대예방센터	02–2247–1391
서울강서아동학대예방센터	02–3665–5184
서울은평아동학대예방센터	02–3157–1391
서울영등포아동학대예방센터	02–842–0094
서울성북아동학대예방센터	02–923–5440
서울마포아동학대예방센터	02–422–1391
서울동남권아동학대예방센터	02–474–1391
〈아동학대예방협회_민간단체〉 – 서울	
서울시 강동구 지회	010–7169–7851
서울시 강서구 지회	010–5239–7334
서울시 강북구 지회	011–790–7707
서울시 구로구 지회	010–6747–0101
서울시 관악구 지회	02–884–2795, 010–6265–2745
서울 강북구 수유 지회	010–5001–7299
서울시 금천구 지회	010–3207–7932
서울시 노원구 지회	010–5084–8425

기관명	연락처
서울시 동대문구 이문지회	010-7302-1122
서울시 동대문구 지회	010-2322-5258
서울시 동작구 지회	010-3780-5874, 02-826-4916
서울시 동작구 상도 지회	010-8728-1366
서울시 서대문구 지회	010-5313-0655
서울시 송파구 지회	010-5280-1497
서울시 양천구 지회	010-8745-3644
서울시 영등포구 지회	010-6656-8309
서울시 용산구 지회	010-3383-7413
서울시 서초구 지회	02-599-6009, 010-4728-5591
서울시 성북구 지회	02-599-6009, 010-4728-5591
서울시 성동구 지회	02-2297-1896, 010-9377-1896
서울시 중랑구 지회	010-3288-3010
서울시 강남구 지회	010-2848-1215
- 인천	
인천광역시 중구 지부	010-3225-8938
- 경기도	
경기도 지부	031-654-7797, 010-9475-7787
경기도 고양시 지회	010-8280-0699
경기도 광명시 지회	010-8327-9819
경기도 일산시 서구 지회	010-2571-0192
경기도 이천시 지회	02-2201-6501, 010-2555-7111
경기도 안양시 지회	010-7316-1569
경기도 안산시 지회	010-2055-1569
경기도 용인시 지회	031-282-2221, 010-8921-2526
경기도 수원시 지회	010-6280-8596
경기도 수원시 권선구 지회	031-237-1515, 010-2004-8281
경기도 수원시 영통구 지회	031-216-1159

기관명	연락처
경기도 수원시 장안구 지회	010-9282-9892
경기도 수원시 팔달구 지회	010-5350-7919
경기도 성남시 지회	031-781-2611
경기도 오산시 지회	010-6727-4447
경기도 부천시 지회	010-8744-4957
경기도 평택시 비전 지회	010-3337-3044
경기도 성남시 분당구 지회	010-8216-5777
경기도 화성시 지회	031-226-2004, 010-2599-7685
경기도 화성시 남부지회	031-221-1190, 010-2375-1190
경기도 화성시 서부지부	031-227-7268, 010-4023-7218
경기도 화성시 동부지회	010-2842-7656
경기도 화성 서남부지회	010-5006-9861
경기도 화성 북부지회	010-7477-5713
경기도 화성시 화성융건지회 지회장	010-3310-2075
- 경상남도	
경상남도 함안 지회	055-582-7589, 010-3066-7099
- 경상북도	
경상북도 지부	054-532-1473
- 전라북도	
전북지회	010-4001-1010
- 전라남도	
전라남도 광주시 남구 지회	010-2214-4800
- 충청남도	
충청남도 지부	041-545-6521, 010-5451-6522
충청남도 보령시 지회	041-935-0160
충청남도 예산시 지회	041-335-1961, 010-2519-8474
충청남도 태안군 지부	010-9699-7179

기관명	연락처
– 강원도	
강원도 지부	033–255–1387 010–9589–8079
– 울산	
울산광역시 울산 지부	010–2562–1455
울산광역시 울주군 지회	010–9311–4830
m– 제주	
제주특별자치도 지부	064–725–1200, 010–3751–2864

청소년 관련 기관

기관명	연락처
에듀넷 도란도란 학교폭력예방	117
청소년 사이버상담센터	1388
청예단 학교폭력SOS지원단	02-598-1640
탁틴내일(아동청소년성폭력 상담소)	02-3141-6191
〈청소년상담복지센터〉	
서울특별시청소년상담복지센터	02-2285-1318
서울강남구청소년상담복지센터	02-2226-8555
서울강동구청소년상담복지센터	070-8819-1388
서울강북구청소년상담복지센터	02-6715-6661
서울강서구청소년상담복지센터	02-2061-8998
서울관악구청소년상담복지센터	02-872-1318
서울광진구청소년상담복지센터	02-2205-2300
서울구로구청소년상담복지센터	02-852-1319
서울금천구청소년상담복지센터	02-803-1873
서울노원구청소년상담복지센터	02-2091-1387
서울도봉구청소년상담복지센터	02-950-9641
서울동대문구청소년상담복지센터	02-2236-1377
서울동작구청소년상담복지센터	02-845-1388
서울마포구청소년상담복지센터	02-3153-5982
서울서대문구청소년상담복지센터	02-3141-1318
서울서초구청소년상담복지센터	02-586-9128
서울성동구청소년상담복지센터	02-2299-1388
서울성북구청소년상담복지센터	02-3292-1779
서울송파구청소년상담복지센터	02-449-7173
서울양천구청소년상담복지센터	02-2646-8341
서울영등포구청소년상담복지센터	02-2676-6114
서울용산구청소년상담복지센터	02-716-1318
서울은평구청소년상담복지센터	02-384-1318
서울종로구청소년상담복지센터	02-762-1318

기관명	연락처
서울중랑구청소년상담복지센터	02-496-1895
부산광역시청소년상담복지센터	051-804-5001~2
부산금정구청소년상담복지센터	051-581-2084
부산기장군청소년상담복지센터	051-792-4880
부산남구청소년상담복지센터	051-621-1389
부산동래구청소년상담복지센터	051-555-1387
부산북구청소년상담복지센터	051-343-1388
부산사하구청소년상담복지센터	051-207-7169
부산서구청소년상담복지센터	051-714-3013
부산수영구청소년상담복지센터	051-759-8413
부산영도구청소년상담복지센터	051-405-5605
부산진구청소년상담복지센터	051-868-0956
부산해운대구청소년상담복지센터	051-731-4046
사상구청소년상담복지센터	051-327-1388
대구광역시청소년상담복지센터	053-659-6240
대구남구청소년상담복지센터	053-624-0996
대구달서구청소년상담복지센터	053-638-1388
대구달성군청소년상담복지센터	053-614-1388
대구동구청소년상담복지센터	053-984-1319
대구북구청소년상담복지센터	053-324-7388
대구서구청소년상담복지센터	053-562-1388
대구수성구청소년상담복지센터	053-759-1388
대구중구청소년상담복지센터	053-423-1377
인천광역시청소년상담복지센터	032-429-0394
인천계양구청소년상담복지센터	032-547-0855
인천남동구청소년상담복지센터	032-469-7197
인천동구청소년상담복지센터	032-777-1388
인천미추홀구청소년상담복지센터	032-862-8751
인천부평구청소년상담복지센터	032-509-8916
인천서구청소년상담복지센터	032-584-1388
인천연수구청소년상담복지센터	032-818-0358

기관명	연락처
인천중구청소년상담복지센터	032-773-1317
광주광역시청소년상담복지센터	062-226-8181
광주광산구청소년상담복지센터	062-943-1388
광주남구청소년상담복지센터	062-675-1388
광주동구청소년상담복지센터	062-229-3308
광주북구청소년상담복지센터	062-251-1388
광주서구청소년상담복지센터	062-375-1388
대전광역시청소년상담복지센터	042-257-6577
대전서구청소년상담복지센터	042-527-1112 ~3
대전유성구청소년상담복지센터	042-824-3454
경기도청소년상담복지센터	031-248-1318
가평군청소년상담복지센터	031-581-0397
고양시청소년상담복지센터	031-979-1318
과천시청소년상담복지센터	02-504-1388
광명시립청소년상담복지센터	02-809-2000
광주시청소년상담복지센터	031-760-2219
구리시청소년상담복지센터	031-557-2000
군포시청소년상담복지센터	031-397-1388
김포시청소년상담복지센터	031-984-1388
남양주시청소년상담복지센터(본소)	031-590-8097 ~8, 031-590-8971 ~2
남양주시청소년상담복지센터(동부분소)	031-590-8403, 8404
남양주시청소년상담복지센터(북부분소)	031-590-8979, 8980
동두천시청소년상담복지센터	031-861-1388
부천시청소년상담복지센터(본소)	032-325-3002
부천시청소년상담복지센터(분소_소사센터)	032-325-3002
부천시청소년상담복지센터(오정분소)	032-325-3002
성남시청소년상담복지센터	031-756-1388

기관명	연락처
수원시청소년상담복지센터(팔달)	031-218-0446
수원시청소년상담복지센터(장안)	031-242-1318
수원시청소년상담복지센터(영통)	031-215-1318
수원시청소년상담복지센터(권선)	031-236-1318
수원시청소년상담복지센터(광교)	031-216-8354
수원시청소년상담복지센터(칠보)	031-278-6862
시흥시청소년상담복지센터	031-318-7100
안산시청소년상담복지센터	031-414-1318
안성시청소년상담복지센터	031-676-1318
안양시청소년상담복지센터	031-446-0242
양주시청소년상담복지센터	031-858-1318
양평군청소년상담복지센터	031-775-1318
여주시청소년상담복지센터	031-882-8889
연천군청소년상담복지센터	031-832-4452
오산시청소년상담복지센터	031-372-4004
용인시청소년상담복지센터	031-324-9300
의왕시청소년상담복지센터	031-452-1388
의정부시청소년상담복지센터(본소)	031-873-1388
의정부시청소년상담복지센터(호원분소)	031-873-1388
이천시청소년상담복지센터	031-632-7099
파주시청소년상담복지센터	031-946-0022
평택시청소년상담복지센터	031-656-1383
포천시청소년상담복지센터(본소)	031-533-1318
포천시청소년상담복지센터(포천분소)	031-536-1388
하남시청소년상담복지센터	031-790-6680
화성시청소년상담복지센터(본소)	031-225-1318, 031-225-0924
화성시청소년상담복지센터(향남분소)	031-225-1318, 031-225-0924
강원도청소년상담복지센터	033-256-9803, 033-256-9804
강릉시청소년상담복지센터	033-646-7942

기관명	연락처
동해시청소년상담복지센터	033-535-1388
속초시청소년상담복지센터	033-638-1388
영월군청소년상담복지센터	033-375-1318
원주시청소년상담복지센터	033-744-1388
정선군청소년상담복지센터	033-591-1313
철원군청소년상담복지센터	033-452-2000
춘천시청소년상담복지센터	033-818-1388
태백시청소년상담복지센터	033-582-1377
홍천군청소년상담복지센터	033-433-1386
횡성군청소년상담복지센터	033-344-1388
충청북도청소년상담복지센터	043-258-2000
괴산군청소년상담복지센터	043-830-3826
단양군청소년상담복지센터	043-421-8370
보은군청소년상담복지센터	043-542-1388
서청주청소년상담복지센터	043-297-1388
영동군청소년상담복지센터	043-744-5700
옥천군청소년상담복지센터	043-731-1388
음성군청소년상담복지센터	043-873-1318
제천시청소년상담복지센터	043-642-7949
증평군청소년상담복지센터	043-835-4188
진천군청소년상담복지센터	043-536-3430
청주시청소년상담복지센터	043-275-1388
충주시청소년상담복지센터	043-842-2007
충청남도청소년상담복지센터	041-554-2130
계룡시청소년상담복지센터	042-551-1318
공주시청소년상담복지센터	041-856-1388
금산군청소년상담복지센터	041-751-2007
논산시청소년상담복지센터	041-736-2041
당진시청소년상담복지센터	041-357-2000
보령시청소년상담복지센터	041-936-5710
부여군청소년상담복지센터	041-836-1898
서산시청소년상담복지센터	041-669-2000
서천군청소년상담복지센터	041-953-4040
아산시청소년상담복지센터	041-532-2000
예산군청소년상담복지센터	041-335-1388

기관명	연락처
천안시청소년상담복지센터	041-622-1388
청양군청소년상담복지센터	041-942-9596
태안군청소년상담복지센터	041-674-2800
홍성군청소년상담복지센터	041-634-4858
전라북도청소년상담복지센터	063-276-6291
고창군청소년상담복지센터	063-563-6792
군산시청소년상담복지센터	063-466-1388
김제시청소년상담복지센터	063-544-1377
남원시청소년상담복지센터	063-635-1388
무주군청소년상담복지센터	063-323-7717
부안군청소년상담복지센터	063-583-8772
순창군청소년상담복지센터	063-653-4646
완주군청소년상담복지센터	063-291-7373
익산시청소년상담복지센터	063-852-1388
임실군청소년상담복지센터	063-644-1388
장수군청소년상담복지센터	063-351-5161
전주시청소년상담복지센터	063-236-1388
정읍시청소년상담복지센터	063-531-3000
진안군청소년상담복지센터	063-433-2377
전라남도청소년상담복지센터	061-280-9001
강진군청소년상담복지센터	061-432-1388
고흥군청소년상담복지센터	061-834-1317~8
곡성군청소년상담복지센터	061-363-9584
광양시청소년상담복지센터	061-795-1388
구례군청소년상담복지센터	061-782-0884
나주시청소년상담복지센터	061-334-1388
담양군청소년상담복지센터	061-381-1386
목포시청소년상담복지센터	061-272-2440
무안군청소년상담복지센터	061-454-5284
보성군청소년상담복지센터	061-853-1388
순천시청소년상담복지센터	061-745-1388
신안군청소년상담복지센터	061-240-8703
여수시청소년상담복지센터	061-663-2000
영광군청소년상담복지센터	061-353-1388

기관명	연락처
영암군청소년상담복지센터	061－471－8375
완도군청소년상담복지센터	061－554－1318
장성군청소년상담복지센터	061－817－1388
장흥군청소년상담복지센터	061－863－1318
진도군청소년상담복지센터	061－544－5122
함평군청소년상담복지센터	061－323－1324
해남군청소년상담복지센터	061－537－1388
화순군청소년상담복지센터	061－375－7442
경상북도청소년상담복지센터	054－1388
경산시청소년상담복지센터	053－812－1318
경주시청소년상담복지센터	054－742－1388
고령군청소년상담복지센터	054－956－1383
구미시청소년상담복지센터	054－443－1387
군위군청소년상담복지센터	054－382－1388
김천시청소년상담복지센터	054－435－1388
문경시청소년상담복지센터	054－556－1389
봉화군청소년상담복지센터	054－674－1388
상주시청소년상담복지센터	054－535－3511
성주군청소년상담복지센터	054－931－1398
안동시청소년상담복지센터	054－859－1318
영덕군청소년상담복지센터	054－732－1318
영주시청소년상담복지센터	054－634－1318
영천시청소년상담복지센터	054－338－1388
예천군청소년상담복지센터	054－654－9901
울진군청소년상담복지센터	054－781－0079
의성군청소년상담복지센터	054－834－7933
청도군청소년상담복지센터	054－373－1610
청송군청소년상담복지센터	054－872－7626
칠곡군청소년상담복지센터	054－971－0418
포항시청소년상담복지센터	054－252－0020
경상남도청소년지원재단	055－711－1388
거제시청소년상담복지센터	055－636－2000
거창군청소년상담복지센터	055－941－2000
고성군청소년상담복지센터	055－673－6882
김해시청소년상담복지센터(본소)	055－325－2000

기관명	연락처
김해시청소년상담복지센터(서부)	055－330－7920
남해군청소년상담복지센터	055－863－5279
밀양시청소년상담복지센터	055－355－2000
사천시청소년상담복지센터	055－835－4199
산청군청소년상담복지센터	055－973－8423
양산시청소년상담복지센터(본소)	055－372－2000
양산시청소년상담복지센터(웅상분소)	055－367－1318
의령군청소년상담복지센터	055－570－2427
진주시청소년상담복지센터	055－744－2000
창녕군청소년상담복지센터	055－532－2000
창원시마산청소년상담복지센터	055－245－7941, 055－245－7925
창원시진해청소년상담복지센터	055－551－2000
창원시창원청소년상담복지센터	055－273－2000
통영시청소년상담복지센터	055－644－2000
하동군청소년상담복지센터	055－883－3000
함안군청소년상담복지센터	055－583－0924
함양군청소년상담복지센터	055－963－7922
합천군청소년상담복지센터	055－932－5499
울산광역시청소년상담복지센터	052－1388
울산남구청소년상담복지센터	052－291－1388
울산동구청소년상담복지센터	052－233－5279
울산북구청소년상담복지센터	052－283－1388
울산울주군청소년상담복지센터	052－229－1388
세종특별자치시청소년상담복지센터	044－867－2022
제주특별자치도청소년상담복지센터	064－759－9951
서귀포시청소년상담복지센터	064－763－9191
제주시청소년상담복지센터	064－725－7999
〈Wee센터〉 － 서울	
북부Wee센터	02－949－7887
서부Wee센터	02－390－5585

기관명	연락처
서울통합Wee센터	02－3999－505
성동광진Wee센터	02－2205－3633
성북강북Wee센터	02－917－7887
중부Wee센터	02－722－7887
학업중단예방Wee센터	02－3999－098
강남서초Wee센터	02－3444－7887
강동송파Wee센터	02－3431－7887
강서양천Wee센터	02－2665－7179
남부SOS통합Wee센터	02－864－8416
남부Wee센터	02－2677－7887
남부교육지원청 꿈세움Wee 센터	02－2625－9128
동부Wee센터	02－2233－7883
동작관악Wee센터	02－884－7887
마음이랑 Wee센터	02－2297－7887
밝음이랑Wee센터	02－853－2460
－ 경기	
가평교육지원청Wee센터	031－580－5174
고양교육지원청Wee센터	031－901－9173
광명교육지원청Wee센터	02－2610－1472
광주하남교육지원청Wee센터	031－760－4092
구리남양주교육지원청Wee센터	031－550－6132
군포의왕교육지원청Wee센터	031－390－1113
김포교육지원청Wee센터	031－985－3986
동두천양주교육지원청Wee센터	031－860－4354
부천교육지원청Wee센터	070－7099－2175
성남교육지원청Wee센터	031－780－2655
수원교육지원청Wee센터	031－246－0818
시흥교육지원청Wee센터	031－488－2417
안산교육지원청Wee센터	031－508－5805
안성교육지원청Wee센터	031－678－5285
안양과천교육지원청Wee센터	031－380－7070
양평교육지원청Wee센터	031－770－5284
여주교육지원청Wee센터	031－883－2795

기관명	연락처
연천교육지원청Wee센터	031－839－0129
용인교육지원청Wee센터	031－889－5890
의정부교육지원청Wee센터	031－820－0093
이천교육지원청Wee센터	031－639－5638
파주교육지원청Wee센터	070－4918－2422
평택교육지원청Wee센터	031－665－0806
포천교육지원청Wee센터	031－539－0026
화성오산교육지원청Wee센터	031－371－0658
－ 인천	
강화교육지원청Wee센터	032－930－7820
남부교육지원청Wee센터	032－764－7179
동부교육지원청Wee센터	032－460－6371
북부교육지원청Wee센터	032－510－5467
서부교육지원청Wee센터	032－555－7179
인천광역시교육청Wee센터	032－432－7179
－ 충남	
공주교육지원청Wee센터	041－850－2339
금산교육지원청Wee센터	041－750－8813
논산계룡교육지원청Wee센터	041－730－7146
당진교육지원청Wee센터	041－351－2534
보령교육지원청 Wee센터	041－930－6380
부여교육지원청Wee센터	041－830－8290
서산교육지원청Wee센터	041－660－0347
서천교육지원청Wee센터	041－951－9435
아산교육지원청Wee센터	041－539－2480
예산교육지원청Wee센터	041－330－3671
천안교육지원청Wee센터	041－629－0401
청양교육지원청Wee센터	041－940－4490
태안교육지원청Wee센터	041－670－8252
홍성교육지원청Wee센터	041－630－5553
－ 충북	
괴산증평교육지원청Wee센터	043－830－5079
단양교육지원청Wee센터	043－420－6121
보은교육지원청Wee센터	043－540－5556
영동교육지원청Wee센터	043－740－7725

기관명	연락처
옥천교육지원청Wee센터	043－731－5062
음성교육지원청Wee센터	043－872－3351
제천교육지원청Wee센터	043－653－0179
진천교육지원청Wee센터	043－530－5361
청주교육지원청Wee센터	043－270－5853
충주교육지원청Wee센터	043－845－0252
－ 대전	
대전시교육청 Wee센터	042－480－7878
동부교육지원청Wee센터	042－229－1250
서부교육지원청Wee센터	042－530－1004
－ 전남	
강진교육지원청Wee센터	061－430－1533
고흥교육지원청Wee센터	061－830－2074
곡성교육지원청Wee센터	061－362－3994
광양교육지원청Wee센터	061－762－2821
구례교육지원청Wee센터	061－780－6690
나주교육지원청Wee센터	061－337－7179
담양교육지원청Wee센터	061－383－7179
목포교육지원청Wee센터	061－280－6624
무안교육지원청Wee센터	061－450－7025
보성교육지원청Wee센터	061－850－7125
순천교육지원청Wee센터	061－729－7779
신안교육지원청Wee센터	061－240－3690
여수교육지원청Wee센터	061－690－0833
영광교육지원청Wee센터	061－350－6645
영암교육지원청Wee센터	061－470－4135
완도교육지원청Wee센터	061－550－0575
장성교육지원청Wee센터	061－390－6195
장흥교육지원청Wee센터	061－860－1294
진도교육지원청Wee센터	061－540－5115
함평교육지원청Wee센터	061－320－6631
해남교육지원청Wee센터	061－530－1147
화순교육지원청Wee센터	061－370－7196
－ 전북	
고창교육지원청Wee센터	063－560－1616

기관명	연락처
군산교육지원청Wee센터	063－450－2680
김제교육지원청Wee센터	063－540－2551
남원교육지원청Wee센터	063－635－8530
무주교육지원청Wee센터	063－324－3399
부안교육지원청Wee센터	063－580－7448
순창교육지원청Wee센터	063－650－6322
완주교육지원청Wee센터	063－270－7696
익산교육지원청 제1 Wee센터	063－850－8990
익산교육지원청 제2 Wee센터	063－852－4501
임실교육지원청Wee센터	063－640－3571
장수교육지원청Wee센터	063－350－5226
전주교육지원청덕진Wee센터	063－253－9214
전주교육지원청완산Wee센터	063－253－9523
정읍교육지원청Wee센터	063－530－3080
진안교육지원청Wee센터	063－430－6294
－ 광주	
동부교육지원청Wee센터	062－605－5700
서부교육지원청Wee센터	062－600－9816
서부교육지원청광산Wee센터	062－974－0078
－ 경남	
거제교육지원청Wee센터	055－636－9673
거창교육지원청Wee센터	055－940－6191
고성교육지원청Wee센터	055－673－3801
김해교육지원청Wee센터	070－8767－7571
남해교육지원청Wee센터	055－864－3653
밀양교육지원청Wee센터	055－350－1494
사천교육지원청Wee센터	055－830－1544
산청교육지원청Wee센터	055－970－3037
양산교육지원청Wee센터	055－379－3053
의령교육지원청Wee센터	055－570－7131
진주교육지원청Wee센터	055－740－2091
창녕교육지원청Wee센터	055－530－3505
창원교육지원청Wee센터	055－210－0461
통영교육지원청Wee센터	055－650－8025
하동교육지원청Wee센터	055－880－1952

기관명	연락처
함안교육지원청Wee센터	055-580-8048
함양교육지원청Wee센터	055-960-2723
합천교육지원청Wee센터	055-930-7060
- 경북	
경산교육지원청Wee센터	053-810-7508
경주교육지원청Wee센터	054-743-7142
고령교육지원청Wee센터	054-950-2592
구미교육지원청Wee센터	054-465-6279
군위교육지원청Wee센터	054-380-8240
김천교육지원청Wee센터	054-420-5288
문경교육지원청Wee센터	054-550-5531
봉화교육지원청Wee센터	054-679-1790
상주교육지원청Wee센터	054-531-9940
성주교육지원청Wee센터	054-930-2075
안동교육지원청Wee센터	054-859-9501
영덕교육지원청Wee센터	054-730-8015
영양교육지원청Wee센터	054-680-2281
영주교육지원청Wee센터	054-630-4214
영천교육지원청Wee센터	054-330-2328
예천교육지원청Wee센터	054-650-2552
울릉교육지원청Wee센터	054-790-3032
울진교육지원청Wee센터	054-782-9915
의성교육지원청Wee센터	054-830-1125
청도교육지원청Wee센터	054-370-1122
청송교육지원청Wee센터	054-874-9360
칠곡교육지원청Wee센터	054-979-2129
포항교육지원청Wee센터	054-244-2090
- 대구	
경북Wee센터	053-326-9279
남부교육지원청Wee센터	053-234-0151
달성교육지원청Wee센터	053-235-0060
대구가톨릭Wee센터	053-654-1388
대동Wee센터	053-746-7380
동부교육지원청Wee센터	053-232-0022
동산Wee센터	053-431-0288

기관명	연락처
서부교육지원청Wee센터	053-233-0023
영남Wee센터	053-217-2323
- 세종	
세종시교육청 세종아람Wee센터	044-715-7979
세종시교육청Wee센터	044-320-2470
- 강원	
강릉교육지원청Wee센터	033-640-1280
고성교육지원청Wee센터	033-680-6025
동해교육지원청Wee센터	033-530-3035
삼척교육지원청Wee센터	033-570-5104
속초양양교육지원청Wee센터	033-639-6054
양구교육지원청Wee센터	033-482-8753
영월교육지원청Wee센터	033-370-1133
원주교육지원청Wee센터	033-760-5691
인제교육지원청Wee센터	033-460-1005
정선교육지원청Wee센터	033-562-5877
철원교육지원청Wee센터	033-452-1007
춘천교육지원청Wee센터	033-259-1691
태백교육지원청 Wee센터	033-581-0804
평창교육지원청Wee센터	033-330-1794
홍천교육지원청Wee센터	033-433-9232
화천교육지원청Wee센터	033-441-9924
횡성교육지원청Wee센터	033-340-0382
- 부산	
남부교육지원청Wee센터	051-640-0205
동래교육지원청Wee센터	051-801-9190
북부교육지원청Wee센터	051-330-1361
서부교육지원청Wee센터	051-244-3266
해운대교육지원청Wee센터	051-709-0483
- 제주	
서귀포시교육지원청Wee센터	064-730-8181
제주시교육청Wee센터	064-754-1252

기관명	연락처
〈학교밖 청소년 지원센터〉 – 서울	
용산구 청소년지원센터 꿈드림	02–706–1318
중랑구 청소년지원센터 꿈드림	02–490–0222
강북구 청소년지원센터 꿈드림	02–6715–6665, 6667
도봉구 청소년지원센터 꿈드림	02–950–9646
서울특별시 청소년지원센터 꿈드림	02–2285–1318
노원구 청소년지원센터 꿈드림	02–2091–1388
광진구 청소년지원센터 꿈드림	02–2205–2300
성북구 청소년지원센터 꿈드림	02–3292–1780
동대문구 청소년지원센터 꿈드림	02–2237–1318
중구 청소년지원센터 꿈드림	02–2250–0543
성동구 청소년지원센터 꿈드림	02–2299–1388
은평구 청소년지원센터 꿈드림	02–384–1318
서대문구 청소년지원센터 꿈드림	02–3141–1388
마포구 청소년지원센터 꿈드림	02–3153–5900
강서구 청소년지원센터 꿈드림	02–3662–1388
구로구 청소년지원센터 꿈드림	02–863–1318
금천구 청소년지원센터 꿈드림	02–803–1873
영등포구 청소년지원센터 꿈드림	02–2637–1318
동작구 청소년지원센터 꿈드림	02–834–1358
관악구 청소년지원센터 꿈드림	02–877–9400
서초구 청소년지원센터 꿈드림	070–4858–1837~8
강남구 청소년지원센터 꿈드림	02–2226–8555
송파구 청소년지원센터 꿈드림	02–3402–1318
강동구 청소년지원센터 꿈드림	02–6252–1388
양천구 청소년지원센터 꿈드림	02–2645–1318
– 경기	
경기도 청소년지원센터 꿈드림	031–253–1519
고양시 청소년지원센터 꿈드림	031–970–4032
가평군 청소년지원센터 꿈드림	031–582–2000
과천시 청소년지원센터 꿈드림	02–2150–3991
광명시 청소년지원센터 꿈드림	02–6677–1318

기관명	연락처
광주시 청소년지원센터 꿈드림	031–760–8741
구리시 청소년지원센터 꿈드림	031–565–1388
군포시 청소년지원센터 꿈드림	031–399–1366
김포시 청소년지원센터 꿈드림	031–980–1691~6
남양주시 청소년지원센터 꿈드림	031–590–3951
동두천시 청소년지원센터 꿈드림	031–865–2000
부천시 청소년지원센터 꿈드림	032–325–3002
성남시 청소년지원센터 꿈드림	031–729–9171~6
수원시 청소년지원센터 꿈드림	031–236–1318
시흥시 청소년지원센터 꿈드림	031–318–7100
안산시 청소년지원센터 꿈드림	031–414–1318
안성시 청소년지원센터 꿈드림	070–7458–1311
안양시 청소년지원센터 꿈드림	031–8045–5012
양주시 청소년지원센터 꿈드림	031–8082–4121
양평군 청소년지원센터 꿈드림	031–775–1317
여주시 청소년지원센터 꿈드림	031–882–8889
오산시 청소년지원센터 꿈드림	031–372–4004
용인시 청소년지원센터 꿈드림	031–328–9840
의왕시 청소년지원센터 꿈드림	031–459–1334
의정부시 청소년지원센터 꿈드림	031–828–9571
이천시 청소년지원센터 꿈드림	031–634–2777
파주시 청소년지원센터 꿈드림	031–946–0022
평택시 청소년지원센터 꿈드림	031–692–1306~8
포천시 청소년지원센터 꿈드림	031–538–3398
하남시 청소년지원센터 꿈드림	031–790–6304~5
화성시 청소년지원센터 꿈드림	031–278–0179
– 인천	
인천광역시 청소년지원센터 꿈드림	032–721–2300
계양구 청소년지원센터 꿈드림	032–547–0853

기관명	연락처
미추홀구 청소년지원센터 꿈드림	032-868-9846~7
남동구 청소년지원센터 꿈드림	032-453-5877~8
동구 청소년지원센터 꿈드림	032-777-1383
연수구 청소년지원센터 꿈드림	032-822-9840~1
중구 청소년지원센터 꿈드림	032-765-1009
서구 청소년지원센터 꿈드림	032-584-1387
부평구 청소년지원센터 꿈드림	032-509-8916
- 충청북도	
충청북도 청소년지원센터 꿈드림	043-257-0105~6
청주시 청소년지원센터 꿈드림	043-223-0753
서청주 청소년지원센터 꿈드림	043-264-8807~8
충주시 청소년지원센터 꿈드림	043-842-2007
제천시 청소년지원센터 꿈드림	043-642-7949
괴산군 청소년지원센터 꿈드림	043-830-3828
단양군 청소년지원센터 꿈드림	043-421-8370
보은군 청소년지원센터 꿈드림	043-542-1388
영동군 청소년지원센터 꿈드림	043-744-5700
옥천군 청소년지원센터 꿈드림	043-731-1388
음성군 청소년지원센터 꿈드림	043-872-9024
증평군 청소년지원센터 꿈드림	043-835-4193
진천군 청소년지원센터 꿈드림	043-536-3430
- 충청남도	
충청남도 청소년지원센터 꿈드림	041-554-1380
천안시 청소년지원센터 꿈드림	041-523-1318
공주시 청소년지원센터 꿈드림	041-854-7942
보령시 청소년지원센터 꿈드림	041-935-1388
아산시 청소년지원센터 꿈드림	041-544-1388
서산시 청소년지원센터 꿈드림	041-669-2000
논산시 청소년지원센터 꿈드림	041-736-2041
계룡시 청소년지원센터 꿈드림	042-841-0343
당진시 청소년지원센터 꿈드림	041-360-6961

기관명	연락처
금산군 청소년지원센터 꿈드림	041-751-1383
서천군 청소년지원센터 꿈드림	041-953-4040
청양군 청소년지원센터 꿈드림	041-942-1387
홍성군 청소년지원센터 꿈드림	041-642-1388
예산군 청소년지원센터 꿈드림	041-335-1388
태안군 청소년지원센터 꿈드림	041-674-2800
- 대전	
대전광역시 청소년지원센터 꿈드림	042-222-1388
서구 청소년지원센터 꿈드림	042-527-1388
유성구 청소년지원센터 꿈드림	042-826-1388
- 세종	
세종특별시 청소년지원센터 꿈드림	044-868-1318
- 전라북도	
전라북도 청소년지원센터 꿈드림	063-273-1388
김제시 청소년지원센터 꿈드림	063-545-0112
정읍시 청소년지원센터 꿈드림	063-531-3000
전주시 청소년지원센터 꿈드림	063-227-1005
무주군 청소년지원센터 꿈드림	063-324-6688
완주군 청소년지원센터 꿈드림	063-291-3303
익산시 청소년지원센터 꿈드림	063-852-1388
군산시 청소년지원센터 꿈드림	063-468-2870
순창군 청소년지원센터 꿈드림	063-652-1388
남원시 청소년지원센터 꿈드림	063-633-1977
- 전라남도	
나주시 청소년지원센터 꿈드림	061-335-1388
전라남도 청소년지원센터 꿈드림	061-242-7474
목포시 청소년지원센터 꿈드림	061-284-0924
여수시 청소년지원센터 꿈드림	070-8824-1318
순천시 청소년지원센터 꿈드림	061-749-4236
광양시 청소년지원센터 꿈드림	061-795-7008
담양군 청소년지원센터 꿈드림	061-381-1382
곡성군 청소년지원센터 꿈드림	061-363-9586
보성군 청소년지원센터 꿈드림	061-853-1381

기관명	연락처
강진군 청소년지원센터 꿈드림	061-432-1388
해남군 청소년지원센터 꿈드림	061-537-1318
무안군 청소년지원센터 꿈드림	061-454-5285
함평군 청소년지원센터 꿈드림	061-323-9995
영광군 청소년지원센터 꿈드림	061-353-6188
장성군 청소년지원센터 꿈드림	061-393-1387
신안군 청소년지원센터 꿈드림	061-240-8703
- 광주	
광주광역시 청소년지원센터 꿈드림	062-376-1324
동구 청소년지원센터 꿈드림	062-673-1318
서구 청소년지원센터 꿈드림	062-710-1388
남구 청소년지원센터 꿈드림	062-716-1324
북구 청소년지원센터 꿈드림	062-268-1318
광산구 청소년지원센터 꿈드림	062-951-1378
- 경상북도	
칠곡군 청소년지원센터 꿈드림	054-971-0425
고령군 청소년지원센터 꿈드림	054-956-1320
봉화군 청소년지원센터 꿈드림	054-674-1318
경상북도 청소년지원센터 꿈드림	054-850-1003
포항시 청소년지원센터 꿈드림	054-240-9171
경주시 청소년지원센터 꿈드림	054-760-7744~5
김천시 청소년지원센터 꿈드림	054-431-2009
안동시 청소년지원센터 꿈드림	054-841-7937
구미시 청소년지원센터 꿈드림	054-472-2000, 1388
영주시 청소년지원센터 꿈드림	054-639-5865
영천시 청소년지원센터 꿈드림	054-338-2000
상주시 청소년지원센터 꿈드림	054-537-6723~4
문경시 청소년지원센터 꿈드림	054-550-6600
경산시 청소년지원센터 꿈드림	053-815-4106
울진군 청소년지원센터 꿈드림	054-789-5436

기관명	연락처
- 경상남도	
창녕군 청소년지원센터 꿈드림	055-532-2000
창원시 마산 청소년지원센터 꿈드림	055-225-7293
경상남도 청소년지원센터 꿈드림	055-711-1336
창원시 청소년지원센터 꿈드림	055-225-3893~4
진주시 청소년지원센터 꿈드림	055-744-8484
통영시 청소년지원센터 꿈드림	055-644-2000
사천시 청소년지원센터 꿈드림	055-832-7942
김해시 청소년지원센터 꿈드림	055-324-9190
밀양시 청소년지원센터 꿈드림	055-352-0924
거제시 청소년지원센터 꿈드림	055-639-4980
양산시 청소년지원센터 꿈드림 (본소)	055-372-2000
양산시 청소년지원센터 꿈드림 (음상분소)	055-367-1318
의령군 청소년지원센터 꿈드림	055-573-1388
함안군 청소년지원센터 꿈드림	055-583-0921
고성군 청소년지원센터 꿈드림	055-670-2921
남해군 청소년지원센터 꿈드림	055-864-7962
하동군 청소년지원센터 꿈드림	055-884-3001
산청군 청소년지원센터 꿈드림	055-970-6591
함양군 청소년지원센터 꿈드림	055-963-7922
거창군 청소년지원센터 꿈드림	055-940-3969
합천군 청소년지원센터 꿈드림	055-930-3911
- 대구	
대구광역시 청소년지원센터 꿈드림	053-431-1388~7
중구 청소년지원센터 꿈드림	053-422-2121
동구 청소년지원센터 꿈드림	053-963-9400
서구 청소년지원센터 꿈드림	053-216-8310
남구 청소년지원센터 꿈드림	053-652-5656
북구 청소년지원센터 꿈드림	053-384-6985
수성구 청소년지원센터 꿈드림	053-666-4205~6

기관명	연락처
달서구 청소년지원센터 꿈드림	053－592－1378
달성군 청소년지원센터 꿈드림	053－617－1388
－ 강원도	
속초시 청소년지원센터 꿈드림	033－635－0924
강원도 청소년지원센터 꿈드림	033－257－9805
강릉시 청소년지원센터 꿈드림	033－655－1388
동해시 청소년지원센터 꿈드림	033－535－1038
영월군 청소년지원센터 꿈드림	033－375－1318
원주시 청소년지원센터 꿈드림	033－813－1318, 1319
정선군 청소년지원센터 꿈드림	033－591－1311
철원군 청소년지원센터 꿈드림	033－450－5388
홍천군 청소년지원센터 꿈드림	033－432－1386
춘천시청소년지원센터 꿈드림	033－818－1318
－ 울산	
울산광역시 청소년지원센터 꿈드림	052－227－2000
남구 청소년지원센터 꿈드림	052－291－1388
동구 청소년지원센터 꿈드림	052－232－5900
울주군 청소년지원센터 꿈드림	052－229－9634~5
북구 청소년지원센터 꿈드림	052－283－1388
－ 부산	
부산광역시 청소년지원센터 꿈드림	051－304－1318
강서구 청소년지원센터 꿈드림	051－972－4595
금정구 청소년지원센터 꿈드림	051－714－2079
기장군 청소년지원센터 꿈드림	051－792－4926~7
남구 청소년지원센터 꿈드림	051－621－4831
동래구 청소년지원센터 꿈드림	051－558－8833
부산진구 청소년지원센터 꿈드림	051－868－0950
북구 청소년지원센터 꿈드림	051－334－3003
사상구 청소년지원센터 꿈드림	051－316－2214
사하구 청소년지원센터 꿈드림	051－207－7179
서구 청소년지원센터 꿈드림	051－714－0701

기관명	연락처
수영구 청소년지원센터 꿈드림	051－759－8422
연제구 청소년지원센터 꿈드림	051－507－7658
영도구 청소년지원센터 꿈드림	051－405－5224
해운대구 청소년지원센터 꿈드림	051－715－1377~9
－ 제주	
제주특별자치도 청소년지원센터 꿈드림	064－759－9951
제주시 청소년지원센터 꿈드림	064－725－7999
서귀포시 청소년지원센터 꿈드림	064－763－9191

노인 관련 기관

기관명	연락처
〈노인보호전문기관〉	
중앙	02－3667－1389
서울남부	02－3472－1389
서울북부	02－921－1389
경기남부	031－736－1389
경기서부	032－683－1389
경기북부	031－821－1461
인천	032－426－8792~4
충북	043－259－8120~2
충북북부	043－846－1380~2
충남	041－534－1389
충남남부	041－734－1388,1389
대구남부	053－472－1389
대구북부	053－357－1389
전북	063－273－1389
전북서부	063－443－1389
전남	061－753－1389
전남서부	061－281－2391
광주	062－655－4155~7
경북	054－248－1389
경북서북부	054－655－1389,1390
경북서남부	054－436－1390
경남	055－222－1389
경남서부	055－754－1389
대전	042－472－1389
강원도	033－253－1389
강원동부	033－655－1389
강원남부	033－744－1389
울산	052－265－1380,1389
부산동부	051－468－8850
부산서부	051－867－9119
제주	064－757－3400
제주서귀포시	064－763－1999
한국노인의전화	062－351－5070

건강가정 · 다문화가족지원센터

기관명	연락처
〈건강가정 · 다문화가족지원센터〉 – 서울	
강남구	02–3412–2222
강동구	02–471–0812, 02–473–4986
강북구	02–987–2567
강서구	02–2606–2017
관악구	02–883–9383, 02–883–9390
관악구(2센터)	
광진구	02–458–0622
구로구	02–830–0450
금천구	02–803–7747
노원구	02–979–3501
도봉구	02–995–6800
동대문구	02–957–0760
동작구	02–599–3301, 02–599–3260
마포구	02–3142–5482, 02–3142–5027
서대문구	02–322–7595
서울시	02–318–0227
서초구	02–576–2852
서초구(2센터)	
성동구	02–3395–9447
성북구	02–3290–1660, 02–922–3304
송파구	02–443–3844
양천구	02–2065–3400
영등포구	02–2678–2193
용산구	02–797–9184
은평구	02–376–3761
종로구	02–764–3524
중구	02–2279–3891
중랑구	02–435–4142
– 경기	
가평군	070–7510–5871

기관명	연락처
경기도	031–8008–8008
고양시	031–969–4041
과천시	02–503–0070
광명시	02–2615–0453
광주시	031–798–7137
구리시	031–556–3874
군포시	031–392–1811
김포시	031–996–5920
남양주시	031–556–8212
동두천시	031–863–3801, 031–863–3802
부천시	032–326–4212
성남시	031–755–9327
수원시	031–245–1310,1
시흥시	031–317–4522, 031–317–4524
안산시	031–501–0033
안성시	031–677–9336, 031–677–7191
안양시	031–8045–5572
양주시	031–858–5681
양평군	031–775–5957
여주시	031–886–0321
연천군	031–835–0093
오산시	031–378–9766, 031–372–1335
용인시	031–323–7131
의왕시	031–429–8931
의정부시	031–878–7117, 031–878–7880
이천시	031–637–5525
파주시	031–949–9161
평택시	031–615–3952
포천시	1577–9337, 031–532–2062
하남시	031–790–2966
화성시	031–267–8787
– 인천	
강화군	032–932–1005, 032–933–0980

기관명	연락처
계양구	032-547-1017
남동구	032-467-3904
미추홀구	032-875-2993
부평구	032-508-0121
연수구	032-851-2730
인천동구	032-760-4904
인천서구	032-569-1560
인천중구	032-763-9337
- 충청북도	
괴산군	043-832-1078
음성군	043-873-8731
제천시	043-645-1995
증평군	043-835-3572
진천군	043-537-5435
청주시	043-263-1817
충주시	043-857-5960
- 충청남도	
공주시	041-853-0881
금산군	041-750-3990
논산시	041-733-7800
당진시	041-360-3200
보령시	041-934-3133
서산시	041-664-2710
서천군	041-953-3808
아산시	041-548-9772
예산군	041-332-1366
천안시	070-7733-8300
태안군	041-670-2523, 041-670-2396
홍성군	041-631-9337
- 대전	
대전서구	042-520-5928
대전시	042-252-9989, 042-932-9995
- 세종	
세종시	044-862-9336
- 전라북도	

기관명	연락처
군산시	063-443-5300
남원시	063-631-6700
무주군	063-322-1130
완주군	063-261-1033
익산시	063-838-6046
전주시	063-231-0182
정읍시	063-535-1283
- 전라남도	
강진군	061-433-9004
곡성군	061-362-5411
광양시	061-797-6800
구례군	061-781-8003
나주시	061-331-0709
목포시	061-247-2311
보성군	061-852-2664
순천시	061-750-5353
여수시	061-659-4167
영광군	061-353-8880
영암군	061-463-2929
완도군	061-555-4100
장성군	061-393-5420
장흥군	061-864-4813
함평군	061-324-5431
해남군	061-534-0215, 061-534-0017
화순군	061-375-1057
- 광주	
광산구	062-959-9337
광주남구	062-351-9337
광주동구	062-234-5790
광주북구	062-430-2963
광주서구	062-369-0072
- 경상북도	
경산시	053-816-4071
구미시	054-443-0541
김천시	054-431-7740

기관명	연락처
상주시	054-531-3543
안동시	054-823-6008
영덕군	054-730-7373
영주시	054-634-5431
울릉군	054-791-0205
의성군	054-832-5440
청도군	054-373-8131
칠곡군	054-975-0833
포항시	054-244-9702
- 경상남도	
경상남도	055-716-2363
김해시	055-329-6355
밀양시	055-351-4404~4407
사천시	055-832-0345
산청군	055-972-1018
양산시	055-382-0988
의령군	055-573-8400
진주시	055-749-5445
창녕군	055-533-1305
창원시	055-225-3951
창원시마산	055-244-8745
통영시	055-640-7741, 7742
하동군	055-880-6520
함양군	055-963-2057
- 대구	
달서구	053-593-1511
달성군	053-636-7390
대구남구	053-471-2326, 053-475-2324
대구동구	053-961-2202
대구북구	053-327-2994, 053-327-2994
대구서구	053-355-8042, 053-341-8312
대구중구	053-431-1230
수성구	053-795-4300
- 강원	
강릉시	033-648-3019

기관명	연락처
고성군	033-681-9333
동해시	033-535-8377, 033-535-8378
삼척시	033-576-0761
속초시	033-637-2680
양구군	033-481-8664
양양군	033-670-2943
영월군	033-375-8400
원주시	033-764-8612
인제군	033-462-3651
정선군	033-562-3458 033-563-3458
철원군	033-452-7800
춘천시	033-251-8014
태백시	033-554-4003
평창군	033-332-2063 033-332-2064
홍천군	033-433-1915
화천군	033-442-2342
횡성군	033-344-3458~9
- 울산	
울산남구	052-274-3136
울산동구	052-232-3351
울산북구	052-286-0025
울산중구	052-248-1103
울주군	052-229-9600
- 부산	
금정구	051-513-2131
부산동래구	051-506-5765
부산시	051-330-3406
부산진구	051-802-2900
사상구	051-328-0042
사하구	051-203-4588
수영구	051-758-3073
연제구	051-851-5002
영도구	051-414-9605

기관명	연락처
해운대구	051-782-7002
- 제주	
서귀포시	064-760-6488
제주시	064-725-8005, 064-725-8015

알코올 · 중독 관련 기관

기관명	연락처
한국마약퇴치운동본부 (중앙본부)	02－2677－2245
한국도박문제관리센터	1336
한국마약퇴치운동본부 (중독재활센터)	02－2679－0436~7
〈알코올 전문 병원〉	
다사랑중앙병원	1544－2838, 031－340－5040, 5009
진병원	1577－1581
카프병원	031－810－9200
예사랑병원	1566－1308, 043－298－7337
주사랑병원	043－286－0692
한사랑병원	055－722－7000, 7004(상담)
다사랑병원	062－380－3800
〈중독관리 통합지원센터〉 － 서울	
강북구중독관리통합지원센터	02－989－9223
구로중독관리통합지원센터	02－2679－9353
노원구중독관리통합지원센터	02－2116－3677
도봉중독관리통합지원센터	02－6082－6793
－ 경기도	
성남시중독관리통합지원센터	031－751－2768
수원시중독관리통합지원센터	031－256－9478
안산시중독관리통합지원센터	031－411－8445
안양시중독관리통합지원센터	031－464－0175
파주시중독관리통합지원센터	031－948－8004
화성시중독관리통합지원센터 (정남분소)	031－354－6614
화성시중독관리통합지원센터 (동탄분소)	
의정부시중독관리통합지원센터	031－829－5001

기관명	연락처
－ 인천	
계양구중독관리통합지원센터	032－555－8765
부평구중독관리통합지원센터	032－507－3404
인천동구중독관리통합지원 센터	032－764－1183
연수구중독관리통합지원센터	032－236－9477
인천남동구중독관리통합지원 센터	032－468－6412
－ 충정북도	
청주시중독관리통합지원센터	043－272－0067
－ 충청남도	
아산시중독관리통합지원센터	041－537－3332
천안시중독관리통합지원센터	041－577－8097
－ 대전	
대덕구중독관리통합지원센터	042－635－8275
대전서구중독관리통합지원 센터	042－527－9125
대전동구중독관리통합지원 센터	042－286－8275
－ 전라북도	
군산시중독관리통합지원센터	063－464－0061
전주시중독관리통합지원센터	063－223－4567
－ 전라남도	
목포시중독관리통합지원센터	061－284－9694
여수시중독관리통합지원센터	061－659－4255
－ 광주	
광주서구중독관리센터	062－654－3802
광주북구중독관리센터	062－526－3370
광주동구중독관리센터	062－222－5666
광주남구중독관리통합지원 센터	062－412－1461
광주광산구중독관리센터	062－714－1233
－ 경상북도	
구미중독관리통합지원센터	054－474－9791

기관명	연락처
포항중독관리통합지원센터	054－270－4148
－ 경상남도	
김해중독관리통합지원센터	055－314－0317
마산중독관리통합지원센터	055－247－6994
진주중독관리통합지원센터	055－758－7801
창원중독관리통합지원센터	055－261－5011
－ 대구	
대구동부중독관리통합지원센터	053－957－8817
대구서부중독관리통합지원센터	053－638－8778
－ 강원도	
강릉시중독관리통합지원센터	033－653－9667~8
원주시중독관리통합지원센터	033－748－5119
춘천시중독관리통합지원센터	033－ 255－3482
－ 울산	
울산남구중독관리통합지원센터	052－275－1117
울산중구중독관리통합지원센터	052－245－9007
－ 부산	
부산중독관리통합지원센터	051－ 246－7574
부산북구중독관리통합지원센터	051－362－5482
사상구중독관리통합지원센터	051－988－1191
해운대중독관리통합지원센터	051－545－1172
－ 제주도	
제주중독관리통합지원센터	064－759－0911
제주서귀포중독관리통합지원센터	064－760－6037

범죄 피해 관련 기관

기관	연락처
법무부 인권구조과	02－2110－3263
대검 피해자인권과	02－3480－2303~5
검찰청(피해자지원실)	1577－2584
범죄피해자지원센터	1577－1295
스마일센터	02－472－1295
대한법률구조공단	132
한국가정법률상담소	1644－7077
법률홈닥터	02－2110－4253
경찰청(피해자지원경찰관)	182
경찰청(피해자보호 담당관실)	02－3150－2335
〈해바라기센터〉 － 서울	
서울북부해바라기센터(통합)	02－3390－4145
서울남부해바라기센터(통합)	02－870－1700
서울동부해바라기센터	02－3400－1700
서울해바라기센터(통합)	02－3672－0365
서울중부해바라기센터(통합)	02－2266－8276
서울해바라기센터(아동)	02－3274－1375
－ 경기도	
경기북서부해바라기센터(통합)	031－816－1375
경기서부해바라기센터	031－364－8117
경기북동부해바라기센터	031－874－3117
경기해바라기센터(아동)	031－708－1375
－ 인천	
인천해바라기센터(아동)	032－423－1375
인천동부해바라기센터	032－582－1170
인천북부해바라기센터	032－280－5678
－ 충청북도	
충북해바라기센터	043－272－7117
충북해바라기센터(아동)	043－857－1375
－ 충청남도	
충남해바라기센터	041－567－7117

기관	연락처
－ 대전	
대전해바라기센터(통합)	042－280－8436
－ 전라북도	
전북서부해바라기센터	063－859－1375
전북해바라기센터	063－278－0117
전북해바라기센터(아동)	063－246－1375
－ 전라남도	
전남서부해바라기센터(통합)	061－285－1375
전남동부해바라기센터	061－727－0117
－ 광주	
광주해바라기센터	062－225－3117
광주해바라기센터(아동)	062－232－1375
－ 경상북도	
경북서부해바라기센터	054－439－9600
경북북부해바라기센터	054－843－1117
경북동부해바라기센터(통합)	054－278－1375
－ 경상남도	
경남해바라기센터	055－245－8117
경남해바라기센터(아동)	055－754－1375
－ 대구	
대구해바라기센터	053－556－8117
대구해바라기센터(아동)	053－421－1375
－ 강원도	
강원동부해바라기센터(통합)	033－652－9840
강원서부해바라기센터(통합)	033－252－1375
－ 울산	
울산해바라기센터(통합)	052－265－1375
－ 부산	
부산해바라기센터(통합)	051－244－1375
부산동부해바라기센터	051－501－9117
－ 제주	
제주해바라기센터(통합)	064－749－5117

기관	연락처
〈스마일센터〉	
스마일센터총괄지원단	02-333-1295
서울동부스마일센터	02-473-1295
서울서부스마일센터	02-332-1295
부산스마일센터	051-582-1295
인천스마일센터	032-433-1295
광주스마일센터	062-417-1295
대구스마일센터	053-745-1295
대전스마일센터	042-526-1295
춘천스마일센터	033-255-1295
전주스마일센터	063-246-1295
수원스마일센터	031-235-1295
의정부스마일센터	031-841-1295
〈범죄피해자지원센터〉	
한국범죄피해자지원중앙센터 (강남구, 관악구, 동작구, 서초구, 종로구, 중구)	02-534-4901, 1577-1295(전국)
서울동부범죄피해자지원센터 (강동구, 광진구, 성동구, 송파구)	02-455-4954,5005
서울남부범죄피해자지원센터 (강서구, 구로구, 금천구, 양천구, 영등포구)	02-2645-1301, 02-2644-1302
서울서부범죄피해자지원센터 (마포구, 서대문구, 용산구, 은평구)	02-3270-4504, 4505
서울북부범죄피해자지원센터 (강북구, 노원구, 도봉구, 동대문구, 성북구, 중랑구)	02-3399-4776
경기북부범죄피해자지원센터 (의정부시, 남양주시, 구리시, 동두천시, 양주시, 포천시, 연천군, 가평군, 철원군)	031-820-4678, 031-873-4678
고양 · 파주지역범죄피해자지원센터 (고양시, 파주시)	031-932-8291
부천 · 김포범죄피해자지원센터 (부천시, 김포시)	032-329-2580, 032-320-4671~2
수원지역범죄피해자지원센터 (수원시, 용인시, 오산시, 화성시)	031-210-4761, 031-211-0266
성남 · 광주 · 하남범죄피해자지원센터 (성남시, 광주시, 하남시)	031-715-0090, 031-736-1090
여주 · 이천 · 양평범죄피해자지원센터 (이천시, 여주시, 양평군)	031-885-1188, 031-880-4510
평택 · 안성 범죄피해자지원센터 (평택시, 안성시)	031-656-2828, 031-657-2828
안산 · 시흥 · 광명범죄피해자지원센터 (안산시, 시흥시, 광명시)	031-475-3310
안양지역범죄피해자지원센터 (안양시, 과천시, 군포시, 의왕시)	031-387-0050
인천범죄피해자지원센터 (강화군, 계양구, 남구, 동구, 부평구, 서구, 연수구, 옹진군, 중구)	032-868-4999
춘천지역범죄피해자지원센터 (춘천시, 인제군, 홍천군, 화천군, 양구군)	033-244-0335, 033-240-4505
강릉지역범죄피해자지원센터 (강릉시, 동해시, 삼척시)	033-641-4163, 033-660-4520
원주 · 횡성 범죄피해자지원센터 (원주시, 횡성군)	033-742-3100, 033-769-4618
속초지역범죄피해자지원센터 (속초시, 고성군, 양양군)	033-638-1111
영월지역범죄피해자지원센터 (태백시, 영월군, 평창군, 정선군)	033-375-9119
대전범죄피해자지원센터	042-472-0082,

기관	연락처
(대덕구,유성구,동구,서구,중구,세종특별자치시,금산군)	0282
홍성지역범죄피해자지원센터 (보령시,서천군,예산군,홍성군)	041-631-4915, 041-631-4911
공주·청양범죄피해자지원센터 (공주시,청양군)	041-856-2828, 041-840-4559
논산·부여·계룡범죄피해자지원센터 (논산시,계룡시,부여군)	041-745-2030
서산지역범죄피해자지원센터 (서산시,당진시,태안군)	041-660-4377, 041-667-7731
천안·아산범죄피해자지원센터 (아산시,천안시)	041-533-6090
청주범죄피해자지원센터 (청주시,청원군,보은군,괴산군,진천군,증평군)	043-288-0141, 043-299-4678
충주·음성 범죄피해자지원센터 (충주시,음성군)	043-856-2526, 043-841-4699
제천·단양 범죄피해자지원센터 (제천시,단양군)	043-643-1295, 043-648-1295
영동·옥천 범죄피해자지원센터 (영동군,옥천군)	043-742-3800, 043-740-4579
대구·경북 범죄피해자지원센터 (수성구,북구,중구,남구,동구,경산시,영천시,청도군;칠곡군)	053-752-4444, 053-740-4440
대구서부범죄피해자지원센터 (달서구,달성군,서구,성주군,고령군)	053-573-7400, 053-573-7401
경북북부범죄피해자지원센터 (안동시,영주시,봉화군)	054-854-7600, 054-852-7200
경주범죄피해자지원센터(경	054-777-1295

기관	연락처
주시)	
포항범죄피해자지원센터 (포항시)	054-276-8112
김천지역범죄피해자지원센터	054-430-9091
구미지역범죄피해자지원센터	054-462-9090
상주·문경·예천범죄피해자지원센터 (상주시,문경시,예천군)	054-533-6047
의성·군위·청송범죄피해자지원센터 (의성군,군위군,청송군)	054-834-2820, 054-830-4548
영덕·울진·영양범죄피해자지원센터 (영덕군 울진군,영양군)	054-733-9495, 054-730-4979
부산범죄피해자지원센터 햇살 (금정구,동래구,연제구,부산진구,동구,영도구,중구)	051-558-8893~4
부산동부범죄피해자지원센터광명 (남구,수영구,해운대구,기장군)	051-781-1144, 051-780-4686
부산서부범죄피해자지원센터 (사상구,사하구,북구,강서구,서구)	051-205-4497
울산범죄피해자지원센터 (남구,동구,북구,울주군,중구, 양산시)	052-265-9004
경남범죄피해자지원센터 (창원시(성산구, 의창구, 진해구),김해시)	055-239-4579, 055-286-8286
진주지역범죄피해자지원센터 '등불' (진주시,사천시,남해군,하동군,산청군)	055-748-1301
통영·거제·고성범죄피해자지원센터 (거제시,통영시,고성군)	055-648-6200
밀양·창녕 범죄피해자지원	055-356-8272

기관	연락처
센터 (밀양시,창녕군)	
거창·합천·함양범죄피해자지원센터 (거창군,합천군,함양군)	055－945－2325
마산·함안·의령범죄피해자지원센터 (창원시마산합포구,함안군,창원시마산회원구,의령군)	055－242－6688
광주전남범죄피해자지원센터 (광산구,북구,서구,남구,동구,곡성군,담양군,장성군,영광군,화순군,나주시)	062－225－4752
〈(사)한국피해자지원협회〉	
(사)한국피해자지원협회 서울서부	02－351－9926
(사)한국피해자지원협회 서울남부	02－782－1002
(사)한국피해자지원협회 서울북부	02－908－0977
(사)한국피해자지원협회 경기동부	031－711－9278
(사)한국피해자지원협회 경기남부	031－211－7676
(사)한국피해자지원협회 경기북부	031－967－3238
(사)한국피해자지원협회 경기북서	031－902－6480
(사)한국피해자지원협회 인천	032－503－7179
(사)한국피해자지원협회 충북	043－224－9517
(사)한국피해자지원협회 충남	041－572－7004
(사)한국피해자지원협회 전남	061－284－0075
(사)한국피해자지원협회 전북	063－907－1112, 063－907－111

기관	연락처
(사)한국피해자지원협회 대전	042－628－9517
(사)한국피해자지원협회 강원	033－251－8840
(사)한국피해자지원협회 대구경북	053－421－8117
(사)한국피해자지원협회 경남울산	055－337－1525
(사)한국피해자지원협회 부산	051－999－7612

성폭력 관련 기관

기관명	연락처
〈전국 성폭력 상담소〉 – 서울	
한국성폭력상담소	02－338－5801
한국성폭력위기센터	02－883－9284~5
장애여성성폭력상담소	02－3013－1367
한사회장애인성폭력상담소	02－2658－1366
이레성폭력상담소	02－3281－1366
벧엘케어상담소	02－896－0401,08
가족과성건강아동청소년상담소	070－8128－1366
천주교성폭력상담소	02－825－1273
한국성폭력상담소	02－338－2890
한국여성민우회 성폭력상담소	02－739－8858
탁틴내일청소년성폭력상담소	02－338－8043
서울여성장애인성폭력상담소	02－3675－4465~6
한국여성의전화 성폭력상담소	02－3156－5400
꿈누리 여성장애인 상담소	02－902－3356
– 경기도	
(사)씨알여성회부설 성폭력상담소	031－797－7031
군포여성민우회성폭력상담소	031－397－8149
남양주가정과성상담소	031－558－1366
동두천성폭력상담소	031－861－5555
부천여성의전화부설 성폭력상담	032－328－9713
부천청소년성폭력상담소	031－655－1366
(사)경원사회복지회부설 여성장애인성폭력상담소	031－755－2526
(사)성남여성의전화부설 성폭력상담소	031－751－2050
안산YWCA 여성과 성 상담소	031－413－9414
안양여성의전화부설 성폭력상담소	031－442－5385
연천 행복뜰상담소	031－832－1315
용인성폭력상담소	031－281－1366
의왕장애인성폭력상담센터	031－462－1366

기관명	연락처
의정부장애인성폭력상담소	031－840－9204
파주성폭력상담소'함께'	031－946－2096
평택성폭력상담소	031－658－6614
포천가족성상담센터	031－542－3171
하남YWCA부설 성폭력상담소	031－796－1274
– 인천	
인구보건복지협회 인천성폭력상담소	032－451－4094
(사)인천장애인지적협회 장애인성폭력상담소	032－424－1366
오내친구장애인성폭력상담소(장애인)	032－506－5479
– 충청북도	
제천성폭력상담소	043－652－0049
청주여성의전화 청주성폭력상담소	043－252－0966
청주여성장애인성폭력상담소	043－224－9414
인구보건복지협회부설 청주성폭력상담소	043－264－1366
충주성폭력상담소	043－845－1366
– 충청남도	
뎀나무상담지원센터	041－852－1950
장애인성폭력아산상담소(장애인)	041－541－1514
아산가정성상담지원센터	041－546－9181
천안여성의전화부설 성폭력상담소	041－561－0303
(사)충남성폭력상담소	041－564－0026
천안장애인성폭력상담소	041－592－6500
태안군성인권상담센터	041－675－9536
홍성성가정폭력통합상담소	041－634－9949
– 대전	
동대전장애인성폭력상담소	042－637－1366
대전여성장애인성폭력상담소	042－223－8866

기관명	연락처
대전YWCA 성폭력상담소	042-254-3038
대전성폭력상담소	042-712-1367
- 전라북도	
군산성폭력상담소	063-442-1570
(사)성폭력예방치료센터 김제지부 성폭력상담소	063-546-8366
익산성폭력상담소	063-834-1366
새벽이슬장애인성폭력상담소	063-223-3015
(사)성폭력예방치료센터부설 성폭력상담소	063-236-0152
(사)성폭력예방치료센터 정읍지부 성폭력상담소	063-531-1366
- 광주	
인구보건복지협회 광주성폭력상담소	062-673-1366
광주여성장애인성폭력상담소	062-654-1366
광주여성민우회 성폭력상담소	062-521-1361
- 경상북도	
새경산성폭력상담소	053-814-1318
경산로뎀성폭력상담소	053-853-5276
경주다움성폭력상담센터	054-777-1366
구미여성종합상담소(통합)	054-463-1386
영남여성장애인성폭력상담소	054-443-1365
문경열린종합상담소(통합)	054-555-8207
필그림가정복지상담소(통합)	054-534-9996
경북여성장애인성폭력상담소	054-843-1366
(사)칠곡종합상담센터(통합)	054-973-8290
(사)한마음부설 한마음상담소	054-278-4330
- 대구	
(사)대구여성의전화부설 성폭력상담소	053-471-6484
인구보건복지협회 대구경북지회 성폭력상담소	053-566-1900
- 강원도	
동해가정폭력·성폭력상담소	033-535-4943
(사)속초여성인권센터 속초성	033-637-1988

기관명	연락처
폭력상담소	
영월성폭력상담소	033-375-1366
아라리가족성상담소	033-563-8666
- 울산	
울산장애인인권복지협회부설 울산장애인성폭력상담센터	052-246-1368
울산성폭력상담소	052-245-1366
- 부산	
기장열린성가정상담소	051-531-1366
부산장애인연대부설 성폭력상담소	051-583-7735
인구보건복지협회 성폭력상담소	051-624-5584
다함께 성·가정상담센터	051-357-1377
〈전국 가정폭력상담소〉 - 서울	
강서양천가정폭력상담소	02-2605-8455
월계우리가족상담소	02-904-0179
동산가정폭력상담소	02-599-7646
(사)한국여성상담센터	02-953-1704
잠실가정폭력상담소	02-2202-7806
남성의전화부설 서울가정폭력상담센터	02-2653-1366
은평가정폭력상담소	02-326-1366
한국가정법률상담소 중구지부부설 가정폭력상담소	02-2238-6551
- 경기도	
고양YWCA가족사랑상담소	031-919-4040
광명여성의전화 부설 가정폭력상담소	02-2060-0245
(사)가화가족상담센터	031-551-9976
(사)김포여성의전화부설 가정폭력상담소	031-986-0136
부천가정폭력상담소	032-667-2314
사단법인 수원여성의전화 부설 성·가정폭력통합상담소	031-232-7795

기관명	연락처
시흥여성의전화부설 가정폭력상담소	031－496－9391
경기가정폭력상담소	031－419－1366
안양YWCA가정폭력상담소	031－427－1366
양주가정폭력상담소	031－8647546
양평가정상담소	031－775－4983
행가래로 의왕가정,성상담소	031－459－1311
경기북부가정문제상담소	031－876－7544
이천가정성상담소	031－638－7200
한국가정법률상담소 평택안성지부부설가정폭력상담소	031－611－4252
(사)정해복지부설 하남행복한가정상담소	031－794－4111
－ 인천	
(사)인천내일을여는집 가족상담소	032－543－7179
중구가정폭력상담소	032－761－7070
－ 충청북도	
음성가정(성)폭력상담소	043－873－1330
청주가정법률상담소 부설 가정폭력상담소	043－257－0088
청주YWCA여성종합상담소	043－268－3007
충주YWCA가정폭력상담소	043－842－9888
－ 충청남도	
주시가족상담센터	041－854－1366
논산YWCA가정폭력상담소	041－736－8297
대천가족성통합상담센터	041－936－7941
서산가족상담지원센터	041－668－8566
가족성장상담소남성의소리	041－572－0115
－ 대전	
대전가톨릭가정폭력상담소	042－636－2036
대전열린가정폭력상담소	042－625－5441
－ 전라북도	
군산여성의전화부설가정폭력상담소	063－445－2285
남원YWCA가정폭력상담소	063－625－1318

기관명	연락처
한국가정법률상담소익산지부부설가정폭력상담소	063－851－5113
익산여성의전화부설가정폭력상담소	063－858－9191
전주가정폭력상담소	063－244－0227
전주여성의전화부설 가정폭력상담소	063－287－7325
정읍가정폭력상담소	063－535－8223
－ 전라남도	
광양여성상담센터	061－761－1254
목포여성상담센터	061－285－1366
무안열린가정상담센터	061－454－1365
순천여성상담센터	061－753－9900
여수여성상담센터	061－654－5211
영광여성상담센터	061－352－1322
영암행복한가정상담센터	061－461－1366
함평열린가정상담센터	061－324－1366
－ 광주	
송광한가족상담센터	062－452－1366
광주YWCA가정상담센터	062－672－1355
광주장애인가정상담소	062－654－0420
광주여성의전화부설 광주여성인권상담소	062－363－7739
－ 경상북도	
경산가정폭력상담소	053－814－9191
경주가정폭력상담소	053－749－1366
상주가정문제상담소	054－541－6116
안동가정법률상담소부설가정폭력상담소	054－856－4200
영주소백가정상담센터	054－638－1366
포항YWCA가정폭력상담소	054－277－5418
(사)포항여성회부설경북여성통합상담소	054－284－0404
포항로뎀나무가정문제상담소	054－262－3554
포항생명의전화부설가정폭력상담소	054－242－0015

기관명	연락처
– 경상남도	
(사)거제가정상담센터	055–633–7636
고성가족상담소	055–673–2911
(사)김해여성회부설 가정폭력 상담소	055–326–6253
양산가족상담센터	055–362–1366
진주가정폭력상담소	055–746–7988
마산가정상담센터	055–296–9126
진해가정상담센터	055–551–2332
– 대구	
대구여성장애인통합상담소	053–637–6057, 6058
영남가정폭력상담소	053–953–2866
대구이주여성상담소	053–944–2977
대구여성폭력통합상담소	053–745–4501
– 강원도	
사)강릉여성의전화 부설 해솔 상담소	033–643–1982, 5
강릉가정폭력성폭력상담소	033–652–9556, 9930
속초YWCA가정폭력상담소	033–635–3520
원주가정폭력성폭력상담소	033–765–1366
철원가정폭력상담소	033–452–1566
춘천가정폭력성폭력상담소	033–257–4687
태백가정폭력상담소	033–554–4005
홍천가족상담소	033–433–1367
행복만들기상담소	033–344–1366
– 울산	
생명의전화울산지부부설가정 · 성폭력통합상담소	052–265–5570
동구가정성폭력통합상담소	052–252–6778
(사)울산여성회부설북구가정 폭력상담소	052–287–1364
– 부산	
희망의전화 가정폭력상담소	051–623–1488, 1399

기관명	연락처
(사)부산가정법률상담소 부설 가정폭력관련상담소	051–469–2987
부산성폭력.가정폭력상담소	051–558–8833~4
(사)부산여성의전화성 · 가정 폭력상담센터	051–817–4344
여권문화인권센터 가정폭력 상담소	051–363–3838
사하가정폭력상담소	051–205–8296
중부산가정폭력상담소	051–462–7177
〈성매매피해상담소〉 – 서울	
여성인권상담소 소냐의 집	02–474–0746
성매매피해상담소 이룸	02–953–6280
에이레네 상담소	02–3394–7936
다시함께상담센터	02–814–3660
여성인권센터 보다	02–982–0923
십대여성인권센터	02–6348–1318
– 경기도	
성매매피해상담소 위드어스	031–747–0117
어깨동무	031–222–0122
두레방	031–841–2609
여성인권센터 쉬고	031–948–8030 031–957–6117
– 충청북도	
충북여성인권상담소 늘봄	043–255–8297 043–257–8297
– 충청남도	
충남여성인권상담센터	041–575–1366
– 대전	
여성인권지원상담소 느티나무	042–223–3534
– 전라북도	
현장상담센터	063–232–8297
– 전라남도	
목포여성인권지원센터	061–276–8297
순천여성인권지원센터	061–753–3644, 3654

기관명	연락처
여수여성인권지원센터 새날지기	061-662-8297
- 광주	
성매매피해상담소 언니네	062-232-8297
- 경상북도	
경북성매매상담센터 새날	054-231-1402
- 경상남도	
경남여성인권지원센터	055-246-8298
여성인권상담소	055-273-2261
- 대구	
힘내	053-422-4898 053-425-4898
민들레	053-430-6011
- 강원도	
춘천길잡이의 집	033-242-8296
- 울산	
울산성매매피해상담소	052-249-8297
- 부산	
여성인권지원센터 살림	051-257-8297
부산여성지원센터 꿈아리	051-816-1366 051-817-8297
- 제주	
제주현장상담센터 해냄	064-751-8297

현장에서의 위기개입의 실제

애도 위기영역

애도 위기 개입 사례 영상

• 김상실 씨는 동생의 사고로 인해 한 달간 휴가를 낸 상태였다. 이제 다음 주부터 복귀를 해야 하는데 일을 하기에 힘든 상황이어서 ○○상담센터에 도움을 요청했다.

• 남동생이 교통사고로 죽었어요. 동생은 막내였어요. 그 아이는 매우 예민하고 불안증세가 있었지만 제게는 세상에 하나밖에 없는 동생이죠. 학교 적응을 힘들어해 최근 지방의 고등학교로 전학가게 되었는데, 그때부터 불안증세가 많이 나아졌어요. 그러면서 저와 가까워지기 시작했고 동생과 함께 있는 시간을 즐기게 되었어요. 동생이 주말에 집에 오면 함께 많은 시간을 보냈어요. 저에겐 너무 행복한 시간이었어요. 그래서 더 고통스럽고 슬퍼요. 동생이 죽고, 저는 많이 울어요. 울음을 멈추고 싶은데, 멈출 수가 없어요. 저는 항상 강하고 이성적이었는데, 이런 내 모습을 보면 점점 약해지고 있구나 라고 느껴져요. 제 자신을 제 마음대로 통제할 수 없다는 게 참기 힘들어요.

※ SAFER-R MODEL 개입

안정화 단계(stabilize)

– 위기개입자: 안녕하세요. 만나 뵙게 되어 반갑습니다. 저는 ○○상담센터 상담활동가 ○○○입니다. 오늘 김상실 씨의 이야기를 듣고 도움

이 되어 드렸으면 합니다. 김상실 씨와 나누는 대화의 내용은 비밀을 보장합니다. 다만, 김상실 씨를 보호하는 차원에서 자신과 타인을 해치는 것 혹은 법 위배와 관련된 것은 비밀을 보장할 수 없습니다. 편안하게 말씀하세요. 저와 이야기를 나누면서 상실 씨에게 무엇이 필요한지 어떤 것이 도움이 될지 함께 찾아보도록 하지요. 제가 옆에서 돕겠습니다. 우선 어떻게 오시게 됐는지 말씀해 주시겠어요?

위기인정 단계(acknowledge the crisis)

- 상실경험자: 한 달 전에 하나밖에 없는 남동생이 교통사고로 죽었어요.
- 위기개입자: 정말 힘든 일이 있으셨네요. 그때 상황을 좀 더 자세히 이야기해 주실 수 있으시겠어요? 이야기하시다가 힘들거나 불편하시면 말씀하세요. 쉬었다 하셔도 됩니다.
- 상실경험자: ○○이는 예민하고 불안증세가 있었지만 제게는 세상에 하나밖에 없는 남동생이에요. 학교 적응을 힘들어해 최근에 지방 고등학교로 전학했는데, 그때부터 동생의 불안이 없어지고 저랑은 친구처럼 지냈어요. 동생과 지내는 시간이 정말 즐거웠거든요(흐느낌).
- 위기개입자: (휴지를 건넨다)…. 동생과 사이가 좋아져 즐겁게 지낼 때 동생의 죽음 소식을 듣게 되어 더욱 힘드셨겠어요. 지금 많이 힘드실 텐데 힘든 정도를 1~10이라고 하고 가장 힘든 상태가 10이라고 할 때 김상실 씨의 힘듦이 어느 정도일까요?
- 상실경험자: …. 이 보다 더 힘든 일이 있을까요? 당연히 10이죠.
- 위기개입자: 그러시죠. 사랑하는 동생을 잃은 그 마음이 어떠실지…. 얼마나 힘드실지 짐작조차 할 수 없네요. 상실 씨의 힘든 심정을 제가 다 이해할 수는 없지만 오늘 저와 이야기를 나누는 것이 그 힘듦을 낮추는 데 도움이 될 거예요. 동생의 죽음 이후에 어떻게 지내셨는지 좀 더 자세히 말씀해 주시겠어요?
- 상실경험자: 장례를 치르고 나서 주로 집에만 있었어요. 아무 것도 하기 싫고 모든 게 부질없어 보이고…. 한없이 눈물만 났어요. 멈출 수가

없어요. 제 마음대로 되질 않아요(눈물을 흘림).

– 위기개입자: 당연히 그러시죠. 김상실 씨는 하나밖에 없는 동생을 잃었어요. 그렇게 힘든 일을 겪었는데 그런 감정과 슬픔을 경험하는 것은 자연스럽고 정상적인 반응이에요. 아무도 상실 씨 상처를 지울 수 없고, 동생을 다시 데려다 줄 수 없지만 상실 씨 생각과 느낌을 이 자리에서 솔식하게 말씀해주시는 것이 도움이 될 거예요. 그것이 오늘 저를 만난 이유이기도 하지요.

– 상실경험자: 그렇다는 걸 알기 때문에 더 힘들어요(흐느낌).

– 위기개입자: 지금 좀 어떠세요?

– 상실경험자: 휴가가 끝나서 출근을 해야 하는데…. 나도 모르게 자꾸 눈물이 나니까…. 제가 점점 약해지고 있는 것 같아요. 이렇게 나약한 내가 이해가 안 돼요.

– 위기개입자: 동생을 잃는 슬픔을 겪었는데…. 눈물이 나는 것은 자연스럽고 정상적인 반응이에요. 눈물을 흘린다고 해서 약한 것을 의미하지는 않아요.

– 상실경험자: 그럴까요…. 그런데 제가 우는 모습을 남들이 보는 게 싫어요. 부모님들도 많이 힘드시겠지만 저처럼 울고불고 하시진 않아요.

– 위기개입자: 울지 않는다고 해서 고통스럽지 않은 건 아닐 거예요. 짐작하건데 상실 씨와 같은 마음이지 않을까요…. 지금 현재 어떤 점이 가장 힘드신가요?

– 상실경험자: 오늘 주말인데 동생이 올 것만 같았어요. 하지만 오지 않았어요(눈물을 흘림). 너무 슬퍼요. 저는 항상 강하고 이성적인 사람이라고 생각했었는데 이렇게 눈물이 나니까 점점 약해지고 있다고 느껴져요. 그리고 스스로에게 이제 울면 안 된다고 다짐을 해요.

이해촉진하기 단계(facilitate understanding)

– 위기개입자: 울고 싶은 만큼 충분히 우셔도 됩니다. 그리고 지금 눈물이 나는 것은 너무나 자연스러운 반응이에요. 마음이 가는 대로 느끼

시면 좋을 것 같습니다.

– 상실경험자: 그렇게 말씀해주시니 조금 위안이 되네요. 동생이 죽었다는 생각이 들 때마다 견딜 수 없어 정말 미친 여자처럼 소리치며 울었는데…. 이렇게 빨리 갈 줄 알았으면 좀 더 잘해 줄 걸…. 좀 더 사랑해주지 못한 게 후회되어서…. 울면서도 내가 이러다 미쳐가는 게 아닌가 하는 생각을 했었어요.

– 위기개입자: 그러셨군요. 힘든 시간을 보내셨네요. 그런데 어느 누구도 상실 씨와 같은 일을 겪으면 그런 반응을 보일 거예요. 이상한 게 아니니 걱정하지 마시고 편안한 마음으로 말씀하시면 돼요.

– 상실경험자: 제가 미친 게 아니라니 한결 마음이 편해지네요.

효과적인 대처권장하기 단계(encourage effective coping)

– 위기개입자: 동생 죽음과 관련해서 말씀하기 힘드셨을 텐데 솔직하게 이야기해주셔서 감사합니다. 혹시 예전에 힘든 일이 있으셨을 때 어떻게 하셨나요?

– 상실경험자: … 주로 힘든 일이 있을 때는 그냥 참았던 것 같아요.

– 위기개입자: 아 그러셨군요. 참는 것도 하나의 방법이긴 하지요. 그런데 참는 것이 근본적인 도움은 되지 않을 수도 있어요.

– 상실경험자: 그런 것 같아요.

– 위기개입자: 누구나 너무 힘들 땐, 아무 생각이 나지 않을 수 있어요. 동생이 없는 상황이 변하지 않는 한 바뀔 것이 없다는 생각도 드실 거예요. 당연하게 들 수 있는 생각이지요. 그렇지만 방향을 조금만 바꾸어 우리 함께 지금의 슬픔을 어떻게 헤쳐 나갈지 방법을 찾아보면 어떨까요? 제가 옆에서 도와 드리겠습니다.

– 상실경험자: 네. 저도 그래야만 한다는 건 알고 있지만 아직 쉽지는 않네요.

– 위기개입자: 혹시 지금 김상실 씨를 가장 잘 이해해 줄 만한 사람이 주위에 있나요?

– 상실경험자: 남편과 함께 이야기하고 싶은데 동생에 대해 이야기하는 것을 싫어해요.
– 위기개입자: 그러시군요. 남편이 동생에 대해 이야기 나누는 것을 왜 싫어한다고 생각하세요?
– 상실경험자: 잘 모르겠어요. 원래 자기표현을 잘 안 하는 사람이라…. 동생이 죽고 제가 그렇게 난리치는데도 말없이 묵묵히 옆에 있더라고요. 지금 생각해보면 남편의 그런 점이 참 고맙네요.
– 위기개입자: 참 든든한 남편이시군요. 남편분과 같이 사랑하는 사람을 잃었을 때 혼자만의 방식으로 겪어내는 경우도 있어요. 죽은 사람에 대해 이야기를 하지 못하게 하거나 혼자 마음속에 꼭꼭 숨겨놓거나….
– 상실경험자: 맞아요. 저는 이렇게 상담이라도 받지만 혼자 끙끙거리는 남편의 모습을 보면 서운하기도 하고 마음이 짠하기도 해요. 남동생을 저만큼 아꼈거든요.
– 위기개입자: 그러시군요. 그래서 제가 한 가지 제안을 드리고 싶은데요. 사랑하는 동생에 대한 이야기를 나누며 남편과 부모님과 함께 동생을 추억하는 것, 영원히 떠나보내는 것이 아니라 각자 마음속의 방에서 동생과 함께 살아가는 것이 가족 모두에게 매우 중요해요. 그래서 동생에 대해 이야기 나누는 것이 필요합니다. 다음 주에 한 번 더 만날 기회가 있는데 그때 가족과 꼭 같이 오시면 좋을 것 같습니다.
– 상실경험자: 네, 알겠습니다.

회복/의뢰 단계(recovery / referral)

– 위기개입자: 어떠세요? 처음에 왔을 때 힘들었던 마음이 조금은 줄어든 것 같으세요? 처음에 10이라고 하셨는데요.
– 상실경험자: …지금은 7정도요.
– 위기개입자: 음…. 기분이 좋은데요. 처음보다 힘든 마음이 3정도 줄어들었는데 그 이유가 무엇이라고 생각하세요?
– 상실경험자: 전 그저 막연하게 괜찮다고 생각했었는데 힘들었던 이야

기를 하면서 '지금 내가 많이 힘들구나'라는 걸 깨달았어요. 그리고 내가 잘못된 게 아니라니 다행이고 이야기를 잘 받아주시니 마음이 후련하기도 하고…. 그래서 줄어든 것 같아요.

– 위기개입자: 힘든 마음이 조금은 줄어들어 다행입니다. 그럼 다음 주에 뵙고, 이후 상담을 더 원하시면 상담센터 혹은 병원을 소개해 드릴게요. 상담을 지속적으로 받으시면 심리적 안정을 찾는 데 많은 도움이 되실 겁니다.

저자 소개

육성필

고려대학교에서 심리학 석사를 마치고, 서울대학교병원 정신과에서 임상심리학 레지던트과정을 수료한 뒤 고려대학교에서 심리학 박사를 받았다. 미국 로체스터대학교의 자살예방연구소에서 박사후 과정을 하였다. 현재 서울상담심리대학원대학교 위기관리전공 교수로 재직 중이다.

박혜옥

단국대학교 행정법무대학원에서 사회복지학과를 졸업하고 서울상담심리대학원대학교에서 위기관리전공 석사와 박사를 졸업하였다. 현재 한국노인상담연구소 선임연구원으로 재직 중이다.

김순애

서울상담심리대학원대학교에서 위기관리전공 석사를 졸업하고 위기관리전공 박사 과정 중이다. 현재 한국위기관리심리지원연구소 연구원으로 활동하고 있다.

위기관리총서 시리즈 7 — 현장에서의 위기개입워크북

애도의 이해와 개입

초판발행 2019년 2월 25일

지은이 육성필·박혜옥·김순애
펴낸이 노 현

편 집 김명희·강민정
기획/마케팅 노 현
표지디자인 조아라
제 작 고철민·김원표

펴낸곳 ㈜ 피와이메이트
서울특별시 금천구 가산디지털2로 53 한라시그마밸리 210호(가산동)
등록 2014. 2. 12. 제2018-000080호
전 화 02)733-6771
f a x 02)736-4818
e-mail pys@pybook.co.kr
homepage www.pybook.co.kr
ISBN 979-11-89643-16-4 94370
979-11-89643-15-7 (세트)

정 가 13,000원